AF453542

1861 JANVIER			FÉVRIER			MARS			AVRIL			MAI			JUIN		
M	1	CIRCON.	V	1	S Ignace	V	1	S Aubin	L	1	S Hugues	M	1	S Jacq. S.P DQ	S	1	S Pamphi
M	2	S Basile	S	2	Purificat. DQ	S	2	S Simplice	M	2	N. Dée P DQ	J	2	S Athanase	D	2	S Pothin
J	3	Ste Genevie	D	3	Sexagési.	D	3	Oculi	M	3	S Richard	V	3	Inv. Ste Croi	L	3	S Clotilde
V	4	S Rigobert DQ	L	4	S Phileas	L	4	S Casimir	J	4	S Ambrois	S	4	S Monique	M	4	S Quirin
S	5	S Siméon	M	5	Ste Agathe	M	5	S Adrien	V	5	S Vincent	D	5	Conv. S Aug	M	5	S Boniface
D	6	Epiphanie	M	6	S Waast	M	6	Ste Colette	S	6	S Prudent	L	6	Rogations	J	6	Oct. F Dieu
L	7	S Theau	J	7	S Romuald	J	7	Ste Perpetue	D	7	Quasimodo	M	7	S Stanisla	V	7	S Paul
M	8	S Lucien	V	8	S Jean M	V	8	Jean de D	L	8	Annonciat	M	8	S Désiré	S	8	S Medare NL
M	9	S Furcy	S	9	Ste Appoline NL	S	9	Ste Francois	M	9	Ste Marie	J	9	ASCENS NL	D	9	S Liborre
J	10	S Paul	D	10	Quinquage	D	10	Laetare	M	10	S Macaire NL	V	10	S Gordien	L	10	S Landry
V	11	S Theodos NL	L	11	S Severin	L	11	40 Martyr NL	J	11	S Léon	S	11	S Mamert	M	11	S Barnabé
S	12	S Arcade	M	12	Ste Eulalie	M	12	S Maximin	V	12	S Jules	D	12	S Léon	M	12	S Basilide
D	13	Bap. de N S	M	13	Cendres	M	13	Ste Euphrasie	S	13	S Justin	L	13	S Servais	J	13	S Ant. de P
L	14	S Hilaire	J	14	S Valentin	J	14	S Mathil	D	14	S Tiburce	M	14	S Pacôme	V	14	S Rufin
M	15	S Maur	V	15	Cinq Plaies	V	15	S Longin	L	15	S Maxime	M	15	S Isidore	S	15	S Targeau PQ
M	16	S Guillaum	S	16	Ste Julienne	S	16	S Cyriaque	M	16	S Fructueu	J	16	S Honoré	D	16	S Cyr.
J	17	S Antoine	D	17	Quadrage	D	17	Passion	M	17	S Anicet	V	17	S Montan PQ	L	17	S Avit
V	18	Ch.S. P. a R	L	18	S Siméon PQ	L	18	S Alexand PQ	J	18	S Parfait PQ	S	18	S Félix V.J	M	18	Ste Marine
S	19	S Sulpice PQ	M	19	S Boniface	M	19	S Joseph	V	19	S Elphege	D	19	PENTECO	M	19	S Ger. SP
D	20	S Sébastie	M	20	IV Temps	M	20	S Joachim	S	20	Ste Aurélie	L	20	S Bernard	J	20	S Silvère
L	21	Ste Agnes	J	21	S Maurice	J	21	S Benoist	D	21	S Opportu	M	21	S Hospice	V	21	S Lenfroy
M	22	S Vincent	V	22	Ste Isabelle	V	22	Compassio	L	22	Les C.S.D	M	22	IV Temps	S	22	S Paulin PL
M	23	S Ildefons	S	23	S Merault	S	23	S Victorien	M	23	S Georges	J	23	S Didier	D	23	S André
J	24	S Babylas	D	24	Reminisse PL	D	24	Rameaux	M	24	S Beuve PL	V	24	S Donatien PL	L	24	N de S.J.B
V	25	C.S Paul	L	25	S Mathias	L	25	S Irenée	J	25	S Marc	S	25	S Urbain	M	25	S Prosper
S	26	Ste Paule PL	M	26	S Nestor	M	26	S Lucjer PL	V	26	S Clet	D	26	Trinité	M	26	S Babolet
D	27	Septuag.	M	27	Ste Honorin	M	27	S Rupert	S	27	S Polycarp	L	27	S Ildevert	J	27	S Crescent
L	28	S Charlem	J	28	S Romain	J	28	S Gontran	D	28	S Vital	M	28	S Germain	V	28	S Irénée
M	29	S Fra. de S.				V	29	Vendredi S	L	29	Ste Marie	M	29	S Maximin	S	29	S Pier. SP
M	30	[illegible]				S	30	[illegible]	M	30	[illegible]	J	30	Fete Dieu	D	30	Com. S.P
J	31	[illegible]				D	31	[illegible]				V	31	[illegible]			

Calendrier — Juillet (S Martial)

J.	N°	Fête	Lune
L	1	S Martial	
M	2	V.se de ND	
M	3	S Anatole	
J	4	Tr de S.M	
V	5	S Zoé	
S	6	S Tranqui.	
D	7	S Aubierge	
L	8	Se Elisabeth	NL
M	9	Se Victoire	
M	10	Se Félicité	
J	11	T S Ber	
V	12	S.P	
S	13	S Turiaf	
D	14	Fête de S C	
L	15	S Henri	FQ
M	16	N D M C	
M	17	S [illegible]	
J	18	S Th[illegible]	
V	19	[illegible]	
S	20	S Marg[illegible]	
D	21	[illegible]	PL
L	22	[illegible]	
M	23	[illegible]	
M	24	[illegible]	
J	25	[illegible] S C	
V	26	[illegible]	
S	27	[illegible]	
D	28	S Damas [illegible]	DQ
L	29	[illegible]	
M	30	[illegible]	
M	31	[illegible]	

Calendrier — Août (S Pierre)

J.	N°	Fête	Lune
V	1	S Pierre	
S	2	S [illegible]	
D	3	Inv S Etienne	
L	4	Suse S Cr	
M	5	S Yon	
M	6	Tr de N S	NL
J	7	S Albert	
V	8	S Justin	
S	9	S Romain	
D	10	S Laurent	
L	11	Suse S Co	
M	12	Se Claire	
M	13	S Hippolyt	FQ
J	14	S G[illegible] VJ	
V	15	ASSOMPT	
S	16	S Roch	
D	17	S Mames	
L	18	Se Hélène	
M	19	S Louis	
M	20	S Bernard	PL
J	21	S Privat	
V	22	[illegible]	
S	23	[illegible]	
D	24	[illegible]	
L	25	[illegible]	
M	26	[illegible] JC	
M	27	[illegible]	
J	28	[illegible]	DQ
V	29	[illegible]	
S	30	[illegible]	
D	31	[illegible]	

Calendrier — Septembre (S Leu S.G)

J.	N°	Fête	Lune
D	1	S Leu S.G	
L	2	S Lazare	
M	3	S Grégoire	
M	4	S Rosalie	NL
J	5	S Bertin	
V	6	S Onésipe	
S	7	S Cloud	
D	8	Nat. de N.S	
L	9	S [illegible]	
M	10	S Nicolas	
M	11	S [illegible]	PQ
J	12	S [illegible]	
V	13	S [illegible]	
S	14	Se Croix	
D	15	S [illegible]	
L	16	S [illegible]	
M	17	S [illegible]	
M	18	IV Temps	
J	19	S [illegible]	PL
V	20	S [illegible]	
S	21	S Matthieu	
D	22	S Maurice	
L	23	S [illegible]	
M	24	S [illegible]	
M	25	S [illegible]	
J	26	S [illegible]	
V	27	S [illegible]	DQ
S	28	S [illegible]	
D	29	S Michel	
L	30	S Jérôme	

Calendrier — Octobre (S Rémi)

J.	N°	Fête	Lune
M	1	S Rémi	
M	2	S [illegible]	
J	3	S [illegible]	
V	4	S Fr d Ass.	NL
S	5	Se Aure	
D	6	S Bruno	
L	7	S Serge	
M	8	S [illegible]	
M	9	S Denis	
J	10	S [illegible]	
V	11	S [illegible]	PQ
S	12	S [illegible]	
D	13	S [illegible]	
L	14	S [illegible]	
M	15	S [illegible]	
M	16	S [illegible]	
J	17	S [illegible]	PL
V	18	S Luc	
S	19	[illegible]	
D	20	[illegible]	
L	21	[illegible]	
M	22	[illegible]	
M	23	[illegible]	
J	24	[illegible]	DQ
V	25	[illegible]	
S	26	[illegible]	
D	27	[illegible]	
L	28	[illegible]	
M	29	[illegible]	
M	30	[illegible]	
J	31	[illegible]	

Calendrier — Novembre (TOUSSAI)

J.	N°	Fête	Lune
V	1	TOUSSAI	
S	2	Les Morts	PL
D	3	S Marcel	
L	4	S Charles	
M	5	S Berthild	
M	6	S Léonard	
J	7	S Willbbre	
V	8	Se Reliques	
S	9	S Mathurin	PQ
D	10	Dedicace	
L	11	S Martin	
M	12	S Vrain	
M	13	S Gendulf	
J	14	S Maclou	
V	15	S Eugène	
S	16	S Edme	
D	17	S Agnan	PL
L	18	Se Aude	
M	19	Se Elisabe	
M	20	S Edme[illegible]	
J	21	Prés de N D	
V	22	Se Cécile	
S	23	S Clément	
D	24	S Séverin	
L	25	Se Cathe[rine]	DQ
M	26	S [illegible]	
M	27	S [illegible]	
J	28	S [illegible]	
V	29	S Saturnin	
S	30	S André	

Calendrier — Décembre (Avent)

J.	N°	Fête	Lune
D	1	Avent	
L	2	S Franç X	NL
M	3	S Anème	
M	4	Se Barbe	
J	5	S Sabas	
V	6	S Nicolas	
S	7	Se Fare	
D	8	Concepti.	
L	9	Se Corben	PQ
M	10	Se Valère	
M	11	S Pascien	
J	12	S Damas	
V	13	Se Luce	
S	14	S Nicaise	
D	15	S Meqvin	
L	16	St Adélard	
M	17	St Olympe	PL
M	18	IV Temps	
J	19	S Thimot	
V	20	S Philogo	
S	21	S Thomas	
D	22	S Scharin	
L	23	Se Victoire	
M	24	S Yves VJ	DQ
M	25	NOEL	
J	26	S Etienne	
V	27	S Jean e	
S	28	S Innoc	
D	29	S Thomas	
L	30	S Colom	
M	31	S Sylvest	NL

CODE

DES

CABARETIERS

LIMONADIERS

ET AUBERGISTES

CODE

DES

CABARETIERS

LIMONADIERS

ET AUBERGISTES

Leurs devoirs et leurs droits

AVEC

FORMULES ET CALENDRIER POUR 1861

PARIS

JOSSE, LIBRAIRE-ÉDITEUR

Rue Cassette, n° 5

Bureaux de la *Gazette des Campagnes*

1860

DROITS DE DÉBIT

ALCOOLS

Le droit de débit des alcools qui était originairement de 34 p. 0/0, puis de 50 p. 0/0, plus le double décime de guerre, a été élevé à 75 p. 0/0 par la loi des finances du 27 juillet 1860.

Cette disposition s'applique aux esprits en cercles et en bouteilles et fruits à l'eau-de-vie.

Le double décime est maintenu.

VINS

Les droits perçus sur les vins sont de 15 p. 0/0 du produit de la vente, sauf la déduction de 3 p. 0/0 accordée pour coulage et dépense de ménage.

Exemple : Une pièce de vin de 250 litres, vendue à raison de 50 cent. le litre, donne un prix total de 125 fr.

Le droit perçu de 15 p. 0/0 s'élève à   18 f. 75
Sur lesquels on déduit 3 p. 0/0. . .   » 56

Reste net à percevoir   18   19
Plus le pouble décime de guerre. .   3   64

Total en principal et en décime. . .   21   83

PRIX du litre	DROITS PERÇUS PAR			
	litre	10 litres	50 litres	250 litres
» f. 25	» f. 6	» f. 45	2 f. 21	10 f. 90
» 50	» 10	» 10	4 38	21 83
» 75	» 16	1 32	6 57	32 75
1 »	» 19	1 76	8 74	43 66

DROITS DE LICENCE

Pour vendre au détail, avec double décime de guerre.

DANS LES VILLES AU-DESSOUS DE	PRINCIPAL	DOUBLE DÉCIME	TOTAL	
			Par Année	Par Trimestre
4,000 âmes	6 f. »	1 f. 20	7 f. 20	1 f. 80
4 à 6,000	8 »	1 60	9 60	2 40
6 à 10,000	10 »	2 »	12 »	3 »
10 à 15,000	12 »	2 40	14 40	3 60
15 à 20,000	14 »	2 80	16 80	4 20
20 à 30,000	16 »	3 20	19 20	4 80
30 à 50,000	18 »	3 60	21 60	5 40

Marchands en gros, en tous lieux	50	»	10	»	60	»	15	»
Bouilleurs et distillateurs, en tous lieux	10	»	2	»	12	»	3	»
Brasseurs, dans les départements ci-après :								
Aisne, Ardennes, Nord, Pas-de-Calais, Bas-Rhin, Seine et Somme.	50	»	10	»	60	»	15	»
Calvados, Doubs, Côte-d'Or, Finistère, Gironde, Marne, Ille-et-Vilaine, Haut-Rhin, Moselle, Seine-Intérieure, Rhône, Seine-et-Marne, Seine-et-Oise et Oise.	30	»	6	»	36	»	9	»
dans les autres départements	20	»	4	»	24	»	6	»

FORMULES

Plusieurs personnes ont reproché à la première édition de cette publication, de ne pas contenir un modèle de demande afin d'obtenir l'autorisation d'établir un café ou cabaret.

Cette demande n'étant assujettie à aucune forme spéciale, une formule ne nous avait pas semblé nécessaire.

Cependant, pour faciliter à nos lecteurs le moyen de la libeller sans recourir à des tiers, voici à peu près dans quels termes ils devront le faire :

DEMANDE

Afin d'être autorisé à établir un Café ou Cabaret.

A Monsieur le Préfet du département de...

Monsieur le Préfet,

Le sieur (*noms, prénoms du pétionnaire*), demeurant a... a l'honneur de vous exposer qu'il désire établir dans la commune de..., rue..,, dans une maison, appartenant au sieur...

un débit de Boissons sur table.

Que le nombre des établissements de cette nature existant dans ladite commune de...... n'est pas exagéré ; que celui-ci sera, par sa situation , d'une surveillance facile, et que d'ailleurs l'exposant , qui n'entend y tolérer aucun désordre, veillera strictement à l'exécution des lois et arrêtés sur la matière, et fera ce qui dépendra de lui pour justifier la confiance de l'administration.

Il est avec un profond respect ,

Monsieur le Préfet,

Votre très-humble et obéissant serviteur.

A.... le.... 18 .

Cette pétition devra être remise directement au Maire qui en fera l'envoi au Sous-Préfet avec ses observations.

S'il pense qu'il y a lieu de faire droit à la réclamation, il devra le dire dans les termes suivants :

Le Maire de la commune de... soussigné, pense que le débit de boissons que veut établir le sieur,.., n'offre aucun inconvénient, et que le postulant mérite la confiance de l'administration.

A... le... 18 .

S'il pense le contraire, il devra le dire en ces termes :

Le Maire de la commune de,... soussigné , pense que le nombre des débits de boissons qui existent au centre de la commune de... est suffisant, et qu'il n'y a par conséquent lieu d'accorder l'autorisation demandée.

DEMANDE

Afin d'être autorisé à continuer l'exploitation d'un Café ou Cabaret, dans une maison qu'on vient d'acheter ou de prendre à ferme (1).

A Monsieur le Préfet du département de...

Monsieur le Préfet ,

Le sieur... (*noms, prénoms et demeure*), a l'honneur de vous exposer que, suivant con-

(1) Il ne faut pas oublier que l'autorisation est toujours donnée en vue de la personne qui doit tenir l'établissement, et non en vue du propriétaire.

ventions arrêtées entre le sieur (*noms, prénoms et demeure du propriétaire ou bailleur*), il a pris à bail une maison sise à... où s'exploite depuis fort longtemps un cabaret (ou café) connu sous le nom de... aujourd'hui tenu par...

Que ce bail a été pris par l'exposant dans l'intention de continuer pour son compte l'exploitation dudit établissement.

Pourquoi il vous supplie de vouloir bien lui accorder l'autorisation nécessaire, à la charge par lui de se soumettre aux lois et arrêtés sur la matière.

Il est avec un profond respect,

Monsieur le Préfet,

Votre très-humble et obéissant serviteur,

A... le... 18 .

(Signature.)

Cette pétition, comme la précédente, devra être remise au Maire, qui la transmettra au Sous-Préfet avec son avis motivé.

Si cet avis est favorable il devra être conçu à peu près en ces termes :

Le Maire de la commune de... soussigné certifie que le (*café ou cabaret*) dont il est question dans la pétition ci-dessus, existe depuis fort longtemps et qu'il y a lieu de le maintenir.

Certifie en outre que le sieur ..., postulant, mérite à tous égards la confiance de l'administration.

A... le... 18 .

NOTA. Si le postulant est domicilié dans une autre commune, il devra se munir d'un certificat du Maire de son domicile.

DEMANDE

Par un épicier ou autre afin d'être autorisé à établir un débit de boissons à emporter.

A Monsieur le Préfet du département de...

Monsieur le Préfet,

Le sieur ..., marchand épicier demeurant à...
a l'honneur de vous exposer qu'il désire joindre à son établissement un débit de liqueurs et d'eau-de-vie sur table et à emporter; que ce débit sera d'une utilité réelle, sans offrir d'ailleurs le moindre inconvénient.

Que la surveillance en sera facile ; que l'exposant fera en sorte qu'il n'y soit commis aucun désordre, et que les lois et réglements sur la matière soient rigoureusement exécutés.

Il est avec un profond respect,

Monsieur le Préfet,

Votre très-humble et obéissant serviteur.

A..... le..... 18   .

(Signature.)

Cette pétition devra être également remise au Maire à la charge par lui de la faire parvenir à qui de droit ; si le Maire pense que l'autorisation doive être accordée il l'exprime en ces termes :

Le Maire de la commune de... soussigné, certifie que le débit que le sieur... demande à établir n'offre aucun inconvénient, et que le postulant mérite la confiance de l'administration.

Fait a... le... 18   .

DEMANDE

A l'effet d'obtenir l'autorisation d'établir un débit temporaire de boissons , dans une Foire, Marché ou Assemblée publique quelconque.

A Monsieur le Préfet du département de ..

Le sieur... (*noms, prénoms et demeure*), demeurant commune de... a l'honneur de vous exposer; Monsieur le Préfet, qu'il se tient le..... de chaque année , dans la commune de ..., une (*indiquer la nature de la réunion*) qui attire à cet endroit une grande quantité de personnes étrangères à la localité.

Qu'il n'existe pas de débit de boissons dans le voisinage, — ou (qu'il n'existe dans le voisinage qu'un débit de boissons insuffisant).

Qu'il est indispensable, dans l'intérêt des personnes qui fréquentent la réunion, qu'il y soit établi un débit temporaire.

L'exposant vous supplie donc , Monsieur le Préfet, de vouloir bien l'autoriser à établir, au lieu ci-dessus indiqué, un débit de boissons temporaire , depuis le...... jusqu'au (*indiquer le temps*) , s'obligeant à l'exécution de toutes les mesures d'ordre et de police prescrites par l'administration, et à remplir vis-à-vis de la régie des contributions indirectes, toutes les formalités nécessaires en pareil cas.

A... le... 18   .

Cette pétition comme celles qui précèdent, devra être adressée au Sous-Préfet, par l'intermédiaire du Maire avec son avis motivé en ces termes :

Le Maire de la commune de..., soussigné, certifie que le débit temporaire que le pétitionnaire demande à établir au lieu indiqué, y rendra réellement service ; que d'ailleurs il n'offre aucun inconvénient, et que la surveillance en sera facile.

Fait a... le... 18   .

PRÉFACE.

—

Nous n'entreprendrons pas ici d'écrire l'histoire des hôtelleries et des cabarets, bien qu'avec les légendes du moyen âge, les récits dramatiques de voyageurs attardés, elle dût offrir plus d'un genre d'intérêt.

Notre rôle est plus modeste; frappé du nombre des contraventions, délits et conflits de toute nature auxquels donne lieu le débit des boissons, de scènes scandaleuses dont les cabarets et cafés sont le théâtre, nous avons pensé qu'il ne serait pas sans utilité de mettre sous les yeux des chefs d'établissement la législation qui les régit, et de leur faire connaître les dangers auxquels les expose le défaut de surveillance.

Cette publication n'a pas d'autre but. L'accueil qu'elle recevra nous dira si nous devons continuer.

La perception, en France, d'un impôt sur les boissons, remonte aux premiers jours de la monarchie. Quelques auteurs prétendent en trouver la trace sous le règne de Chilpéric.

Mais il fut bien positivement établi ou consacré d'une manière définitive en l'an 1356, et eut pour objet alors la rançon du roi Jean, fait prisonnier à la bataille de Poitiers.

Confirmé par plusieurs édits postérieurs, et notamment par lettres patentes de Louis le Gros, à la date du 21 janvier 1382, il varia longtemps du huitième au quart du prix des boissons; mais il ne fut jamais complètement aboli.

Il s'étendait aux vins récoltés comme à ceux achetés, avec des nuances dans le chiffre ;

Aux cidres, aux poirés, à la fabrication de la bière et des eaux-de-vie.

Il était, comme aujourd'hui, défendu

à *tous vendants vins en détail*, de tenir aucuns alambics ou chaudières à eaux-de-vie. Les raisinés et les baissières étaient aussi l'objet de réglements spéciaux.

Les commis avaient dès lors le droit d'exercer dans les caves des maisons voisines et d'y rechercher la fraude.

Tous, sauf de très-rares exceptions (les hospices par exemple), les nobles eux-mêmes pour ce qu'ils vendaient à la porte de leurs habitations, étaient assujettis aux droits.

Y étaient assujettis, non-seulement les taverniers, cabaretiers et gargotiers, mais encore les buvetiers des tribunaux, les geôliers, et en général tous ceux qui se trouvaient dans le cas de *donner à boire dans leur maison, tels que chefs d'ateliers, adjudicataires de bois et forêts*, etc., à raison de la nourriture qu'ils donnaient à leurs ouvriers. Tous sous la même peine que les cabaretiers, moins la contrainte par corps.

Dès cette époque on comprit la nécessité de réglementer les débits de boissons, et de les placer sous la main de l'autorité.

Les chefs d'établissements ne pouvaient entrer en fonctions qu'après avoir obtenu leurs provisions, d'abord des autorités locales, plus tard du roi lui-même, et avoir prêté serment devant les juges des lieux.

Le postulant, pour les obtenir, devait établir, par certificats en due forme, qu'il était de bonne vie et mœurs, qu'il avait logement convenable et facultés suffisantes pour le garnir et approvisionner.

Nul ne pouvait, sous aucun prétexte, quitter son hôtellerie avant un an, et encore avec une autorisation spéciale du juge du lieu, sous peine de confiscation et de prison.

Et pour prémunir les voyageurs contre les excitations et les exactions, des ordonnances déterminaient la nature des mets à fournir, en fixaient, ou faisaient fixer le prix par les juges des lieux, en prenant en considération la valeur des vivres, avec défense de rien exiger au-delà, sous les peines les plus sévères.

La première de ces ordonnances, du règne de François Ier, en date, à Châteaubriand, du 1er juin 1532, offre un intérêt historique particulier, en ce qu'elle est contresignée par BAYARD, *le chevalier sans peur et sans reproche*, qui ne dédaignait pas, comme on le voit, de descendre, pendant les loisirs de la paix, au plus minimes détails de l'administration intérieure.

Défenses étaient faites aux gens tenant hôtels, tavernes et cabarets de bailler à leurs hôtes autres choses que bœuf, mouton, lard, huile, fromage, merlue, carpe, brochet.

Ces défenses ont été réitérées sous Henri II et Charles IX.

Injonction aux maîtres d'hôtel de vendre : *ne volaille, ne gibier, ne pigeons, ne conîls,* etc. Mais les voyageurs pouvaient aller en acheter eux-mêmes au marché.

On ne devait servir que du vin du cru, et s'il n'y en avait pas, des crus les plus voisins.

Les prix étaient fixés pour un homme

et un cheval, à 10 s. parisis pour le jour et la nuit, savoir : 3 s. 6 d. pour la dinée, et 6 s. 6 d. pour soupée et couchée.

Pour les laquais à pied 2 s. 10 d. pour la dinée et 3 s. pour la soupée.

Ces prix, soumis à des taxes périodiques, ont, comme nous l'avons dit déjà, quelquefois varié, suivant les circonstances et la cherté des vivres.

Il n'y avait d'exception que pour le roi et sa suite; il était enjoint aux magistrats de veiller à la stricte observation des tarifs, sans *pouvoir modérer la peine.*

Quant aux foins, pailles, avoines, défense était faite aux hôteliers d'aller au-devant de ceux qui les apportaient au marché.

Les cabaretiers et hôteliers étaient tenus, sous peine d'une amende de 10 à 20 livres ou d'une amende arbitraire, de la prison, d'une punition corporelle, ou même des peines applicables **au** faux, le tout suivant les circonstances, d'avoir des balances et mesures étalonnées par les officiers du roi, et les étalons devaient rester déposés à la maison commune, ou en quelque lieu certain.

Dès cette époque les heures de fermeture étaient déterminées ; on les voit d'abord fixées à 8 heures du soir en hiver, et à 10 heures en été, avec injonction aux maîtres des établissements, de ne faire asseoir la nuit à leurs tables personnes autres que leurs *domestiques*.

Il y a plus, certaines dispositions, notamment une ordonnance de Louis VIII, reproduite par François Ier, le 22 décembre 1556, et plus tard par Charles IX, défendaient aux taverniers et cabaretiers de recevoir autres que les voyageurs ; la permission de donner à boire et à manger ne *pouvant s'appliquer aux gens de la localité*.

On se relâcha sans doute de cette sévérité, car quelques édits postérieurs, enjoignent aux gens tenant cabaret de ne recevoir le dimanche, pendant l'office divin, ni batteleurs ni joueurs de farce, leur font également défense de recevoir pendant l'office, les habitants du village, à peine de prévention de dissimulation, de connivence, et de privation de leurs états.

On ne voit, dans l'ancienne législation, rien de bien précis sur les dettes de cabaret.

Toutefois, il était enjoint sous peine de fortes amendes aux pages et officiers suivant la Cour, de payer exactement leurs dépenses d'hôtellerie.

Les ordonnances défendaient aux cabaretiers et hôteliers de contracter aucune dette pour leurs établissements.

D'un autre côté, l'art. 128, de la coutume de Paris, refusait aux cabaretiers et maîtres d'hôtels toute action à raison des dépenses faites chez eux.

Du reste, la responsabilité vis-à-vis des voyageurs était à peu près ce qu'elle est aujourd'hui.

Une ordonnance du 16 décembre 1654, voulait même que le voyageur fût cru sur son serment à raison des effets qu'il avait apportés avec lui.

Notre législation ne va pas si loin, mais la jurisprudence admet ce mode de preuve dans certaines circonstances.

Jusque vers la fin du 17e siècle on ne connaissait encore comme débitants de boissons, que les taverniers et cabaretiers. (1) La dénomination de *cafetiers* n'est connue, naturellement que depuis l'introduction du café en France, vers la fin du 17e siècle.

Un arrêt du 22 janvier 1692, accorde à Me François Damame pendant 6 années consécutives, à commencer du 1er jour dudit mois de janvier, le privilége de vendre du café, tant en fève qu'en poudre; le thé, les sorbecs, les chocolats, ensemble les *drogues* qui le composent, telles que le cacao et la vanille.

Un arrêté du 6 mai 1692 permet à

______

(1) Le tavernier était celui qui vendait à pot et à pinte, c'est-à-dire chez lequel on buvait de bout; c'était le marchand de vin sur le comptoir.

Le cabaretier était celui qui vendait à assiette, c'est-à-dire chez lequel on s'asseyait pour boire, et qui donnait assez ordinairement à manger.

ses préposés de faire leurs visites dans les places et maisons royales, celles des princes et seigneurs.

Mais ce privilége amena des abus ; l'autorité intervint, et le prix du café fut fixé à 50 fr. la livre.

Ce ne fut pas assez ; de nouveaux abus mirent le roi dans la nécessité de révoquer le privilége ; ce qu'il fit par arrêt du 12 mai 1692.

Ce fut aussi dans le XVIIe siècle qu'il fut pour la première fois question des *limonadiers*, dont l'existence se révèle par des lettres patentes des 28 janvier et 15 mai 1676, qui approuvèrent leurs statuts, et les confondirent avec ceux des distillateurs d'eau-de-vie ; plus tard, avec ceux des épiciers.

Alors comme avant, comme depuis, l'autorité comprit la nécessité de réglementer l'exercice de ces diverses professions, de fixer les heures d'ouverture et de fermeture des établissements où elles s'exerçaient, d'y surveiller et chercher à prévenir les abus qui pouvaient s'y commettre.

Le jeu surtout, appela son attention.

Mais cette funeste passion s'y développa dans de telles proportions, qu'une sentence du 24 juillet 1720 fit défense à tous limonadiers, vendeurs de café et aubergistes de donner à jouer dans leurs boutiques, arrières-boutiques et salles, *même la dépense que les particuliers y auraient faite*, sous peine de dix livres d'amende, et fermeture de boutique.

Les mêmes passions ont toujours amené la même législation, ou plutôt la variété des nuances dans les contraventions et les délits, a provoqué une disposition nouvelle, un perfectionnement dans la législation.

La loi du 2 mars 1791, en proclamant la liberté de l'industrie, ne l'a pas affranchie des réglements de police que nécessite l'exercice de certaines professions, notamment celles d'aubergiste et de cabaretier.

Mais malheureusement la surveillance était le plus souvent impuissante, et l'autorité désarmée surtout en présence

de certains abus que de simples règlements peuvent difficilement atteindre.

Le décret du 29 décembre 1851 est
venu combler cette lacune, et complé-
ter heureusement la législation sur la
matière.

Il n'est personne aujourd'hui qui
n'en en apprécie le résultat, et ne s'as-
socie à la pensée qui l'a inspiré.

Tous aussi, même ceux qui l'avaient
d'abord accueillie avec le plus de dé-
fiance, rendent justice à l'esprit d'im-
partialité qui partout a présidé à son
application, et comprennent qu'il n'a
jamais eu pour but de gêner la liberté,
mais de la prémunir contre les écarts
de la licence.

CODE

DES

CABARETIERS, LIMONADIERS

ET AUBERGISTES.

CHAPITRE PREMIER.

Des Cabaretiers et Limonadiers.

—

NÉCESSITÉ D'UNE AUTORISATION PRÉALABLE.

DÉCEMBRE 1851 ; 10 JANVIER 1852. — Décret
sur les cafés, cabarets et débits de boissons.
(X, Bull. CDLXXV, n. 3481.)

Le président de la République, sur le
rapport du ministre de l'intérieur ; considérant que la multiplicité toujours crois-
sante des cafés, cabarets et débits de boissons est une cause de désordres et de

2

démoralisation; considérant que, dans les campagnes surtout, ces établissements sont devenus, en grand nombre, des lieux de réunion et d'affiliation pour les sociétés secrètes, et ont favorisé, d'une manière déplorable, les progrès des mauvaises passions : considérant qu'il est du devoir du gouvernement de protéger, par des mesures efficaces, les mœurs publiques et la sûreté générale, décrète :

Art. 1er. Aucun café, cabaret ou autre débit de boissons à consommer sur place, ne pourra être ouvert, à l'avenir, sans la permission préalable de l'autorité administrative.

2. La fermeture des établissements désignés en l'art. 1er, qui existent actuellement, ou qui seront autorisés à l'avenir, pourra être ordonnée, par arrêté du préfet, soit après une condamnation pour contravention aux lois et réglements qui concernent ces professions, soit par mesure de sûreté publique.

3. Tout individu qui ouvrira un café, cabaret ou débit de boissons à consommer sur place, sans autorisation préalable ou contrairement à un arrêté de fermeture pris en vertu de l'article précédent, sera poursuivi devant les tribunaux correctionnels,

et puni d'une amende de vingt cinq à cinq cents francs et d'un emprisonnement de six jours à six mois. L'établissement sera fermé immédiatement.

4. Le ministre de l'intérieur (M. de Morny) est chargé, etc.

Jurisprudence.

1. L'autorisation exigée par le décret du 29 décembre 1851, pour l'ouverture des cafés, cabarets et autres débits de boissons, est nécessaire non-seulement pour les débits permanents, mais aussi pour les débits forains et temporaires.

2. Et le refus fait par l'autorité d'accorder, à celui qui la lui a demandée, une autorisation pour un tel débit, sous le prétexte (erroné) qu'elle n'était pas nécessaire, ne saurait équivaloir à une autorisation régulière, et soustraire le prévenu aux peines portées par la loi.

3. Les cabarétiers ou cafetiers dont les établissements existant lors du décret du 29 décembre 1851, maintenus par ce décret, ne peuvent, sans permission de l'autorité administrative, ouvrir aucun autre débit, même accidentellement et temporairement, dans une commune voisine, sous les peines portées par ce décret, et

cela quand même antérieurement ils auraient été dans l'usage d'ouvrir de tels
débits momentanés.

4. L'autorisation exigée par le décret du
29 décembre 1851 pour l'ouverture des
cafés, cabarets et autres débits de boissons,
n'est point nécessaire à l'égard des restaurants.

5. L'est-elle à un individu, qui n'étant
pas débitant de boissons, loge et nourrit
des ouvriers ou étudiants, et s'entend
avec un cabaretier du voisinage pour faire
servir à boire dans son établissement soit
aux repas, soit en dehors des repas?

L'affirmative n'est pas douteuse.

L'association que le logeur fait dans
ce cas avec le cabaretier a pour résultat
de le constituer cabaretier lui-même, et
de l'astreindre par conséquent, aux obligations imposées par la loi aux cabaretiers, comme à celles des aubergistes et
logeurs.

6. L'autorisation exigée par le décret du
29 décembre 1851, pour l'ouverture des
cafés, cabarets ou autres débits de boissons,
est nécessaire même au cabaretier qui fait
transporter du vin en dehors de son établissement pour le débiter sur place dans
un lieu peu éloigné.

7. Encore, cette autorisation est nécessaire même au cas du simple transport
d'un débit d'un local dans un autre, fût-ce
dans la même rue.

Mais elle n'est point nécessaire à l'égard
des auberges ou hôtels où on loge et
nourrit les voyageurs qui s'y présentent.

8. Les arrêtés des préfets qui, en vertu
du décret du 29 décembre 1851, ordon-
nent la fermeture de cafés, cabarets ou
autres débits de boissons, ne sont exécutoires pour ceux qu'ils concernent, qu'à
partir de la notification qui leur en est
faite.

9. Et cette notification doit être faite par
écrit; il ne suffirait pas d'une simple lecture de l'arrêté donnée par le commissaire
de police au débitant.

10. L'autorisation exigée par le décret du
29 décembre 1851 pour l'ouverture des
cafés, cabarets ou autres débits de boissons, est nécessaire même au cas de simple débit accidentel. (*Sirey*, 57. 1. 6.)

11. Elle est encore nécessaire aux marchands épiciers qui vendent de l'eau-de-vie
à emporter, et qui laissent les acheteurs
boire des petits verres sur leur comptoir.

12. Au débitant qui a transféré son
débit d'une boutique dans une autre,

fût-ce même dans les limites de la commune pour laquelle il a obtenu son autorisation. Ce transport de l'établissement d'un lieu dans un autre change, en effet, ses conditions d'existence, et constitue tout à la fois et LA FERMETURE DE CET ÉTABLISSEMENT DANS LE LOCAL OU IL SE TROUVAIT, ET L'OUVERTURE D'UN NOUVEL ÉTABLISSEMENT DANS UN LOCAL OU IL N'EN EXISTAIT PAS ENCORE. (*C.*, 6 *janv.* 1854.)

13. Un débitant de liqueurs légalement autorisé, qui est également confiseur, ne peut recevoir et attabler chez lui les consommateurs, et leur servir toutes les consommations qu'on trouve au café, sous peine d'être passible aux termes de l'art. 3, du décret du 29 décembre 1851, de 6 jours à 6 mois de prison, et de voir fermer son établissement

14. On peut donner la même solution à l'égard des épiciers vendant de l'eau-de-vie à emporter, qui la servent et la laissent boire en petits verres sur le comptoir.

15. L'autorisation que doivent obtenir, aux termes des art. 1 et 3 du décret du 29 décembre 1851, les cabaretiers qui veulent ouvrir des cabarets, est exigée, non-seulement pour les débits permanents,

mais aussi pour les débits forains et temporaires.

16. Le refus fait par l'autorité d'accorder au prévenu une autorisation, sous prétexte qu'elle n'était pas exigée pour les débitants forains, ne peut équivaloir à une autorisation préalable et régulière et soustraire le prévenu aux peines portées par la loi.

17. Un particulier qui, avant la loi du 29 décembre 1851, s'est établi épicier et débitant d'eau-de-vie à consommer sur place, a besoin aujourd'hui d'une autorisation préfectorale pour convertir son débit d'eau-de-vie en un café pour y vendre toutes sortes de boissons.

18. Le décret du 29 décembre 1851, qui soumet les cabarets à une autorisation préalable est-il applicable aux hôtels, restaurants et pensions bourgeoises?

Nous ne le pensons pas, parce que le décret précité, ne s'appliquant qu'aux cabarets ou débits de boissons à consommer sur place, il faut pour qu'un établissement tombe sous son application, que son principal objet soit la vente des boissons consommées sur place. Ce sera donc là presque toujours une question de fait soumise à l'appréciation des tribunaux.

19. Lorsqu'un procès-verbal constate qu'une femme débitait, sans autorisation, des boissons à consommer sur place, le tribunal correctionnel saisi de contravention ne peut , sans violer les art. 1 , 2, 5 du décret du 29 décembre 1851, et l'art. 65 du Code pénal, affranchir la prévenue de toute responsabilité légale , par le motif qu'elle faisait un commerce dans le domicile de son mari , et était censée agir en vertu des ordres de celui-ci.

20. L'arrêté préfectoral qui prescrit la fermeture d'un cabaret doit être notifié au cabaretier par le dépôt d'une copie authentique laissée entre ses mains par l'agent chargé de faire cette notification. Un arrêté de cette nature ne serait pas considéré comme légalement notifié, si le Commissaire de police se bornait à en donner lecture à l'intéressé ; et celui-ci ne tomberait pas sous l'application pénale de l'article 3 du décret du 29 décembre 1851, s'il continuait à tenir ouvert son cabaret, dont l'interdiction ne lui aurait été connue que par une simple lecture de l'arrêté qui l'aurait prononcée.

21. L'autorisation exigée par le décret du 29 décembre 1851 pour l'ouverture des débits de boissons est nécessaire même

aux logeurs et restaurateurs qui joignent à leur profession principale le fait de débiter des boissons à consommer sur place en dehors des repas qu'ils peuvent servir. (*Sirey*, 57. 1. 613.)

22. Le pouvoir dont l'autorité municipale est investie, en ce qui touche la police et la surveillance des lieux et réunions publics, ne saurait être étendu aux réunions purement privées, dites *veillées*, ayant lieu dans les maisons particulières.

23. Mais un individu, pensionnaire d'un hôtel, où l'on donne à boire et à manger, où on loge indistinctement des pensionnaires et des voyageurs, prenant ses repas dans ledit hôtel et y occupant deux chambres garnies, peut-il se prévaloir qu'il est chez lui dans cet hôtel, qu'il n'a pas d'autre domicile ; en conséquence, y donner des repas, des soirées, des bals, soit dans la salle commune, soit dans les salles affectées à son logement, y recevoir qui bon lui semble d'engager, soit des habitants de la localité, soit des habitants des communes circonvoisines, garder ses convives toute la nuit, ou partie de la nuit, sans permission de l'autorité administrative ?

Evidemment non, bien que le locataire

soit chez lui, son appartement étant dans un lieu public, soumis à des réglements spéciaux, il doit en subir les conséquences.

Autrement ce serait un moyen d'éluder par des locations fictives des dispositions d'ordre et de tranquillité publiques.

22. La loi et la jurisprudence font, comme nous l'avons vu, une distinction entre les cabaretiers et les aubergistes, en ce que ces derniers ne sont pas assujettis à l'autorisation préalable.

Quelques cabaretiers ont cru pouvoir se soustraire aux prescriptions de la loi, en servant des aliments sur la table des buveurs, prétendant que dès lors ils cessaient d'être simplement cabaretiers, et que par conséquent, le décret du 29 décembre 1851, ne leur était pas applicable.

C'est là une grave erreur ; une pareille pratique, si elle était tolérée, n'aurait pour résultat que de permettre une *violation permanente de la loi.*

Les tribunaux, on ne doit pas l'oublier, peuvent toujours apprécier les faits qui constituent l'auberge ou le cabaret.

Il ne faut pas non plus oublier que l'aubergiste qui vend à boire en dehors des repas, est assujetti à la même autorisation que le cabaretier. (*Cassation*, 12 *février* 1859.)

CHAPITRE II.

Des Heures de fermeture.

1. L'arrêté préfectoral qui réglemente la police des cafés et cabarets des départements est légal et obligatoire, quoiqu'il excepte certaines communes de ses dispositions, soit en ce que cette restriction ne détruit pas son caractère de généralité, alors du moins que le préfet déclare maintenir les arrêtés spéciaux concernant ces communes, soit en ce que les préfets tiennent du décret du 29 décembre 1851 le droit de réglementer la police des cafés et cabarets pour chacun des établissements de cette nature, situés dans leur département. (*Sirey*, 57. 1. 613.)

2. La défense faite par un règlement de police, de tenir les cabarets ouverts pendant la nuit emporte défense de toute vente de boissons durant le même temps, quand même ces boissons seraient livrées par la fenêtre, et non dans l'intérieur du cabaret.

3. Le cabaretier ne peut laisser la porte de son établissement ouverte après l'heure

fixée par un réglement de police, alors même qu'il exerce une autre profession, celle d'aubergiste, non soumise aux prescriptions du règlement. (*Cass., 9 juil. et 1er décembre 1855.*)

4. Lorsqu'un arrêté préfectoral a fixé l'heure de fermeture des lieux publics, un cabaretier peut-il, après cette heure, garder dans son cabaret des musiciens du pays, en prétendant que ces individus étant payés par lui font partie momentanément du personnel de son établissement?

Non évidemment, parce que les musiciens ainsi employés ne font pas partie de l'établissement.

5. Le réglement de police, pris par un préfet ou par un maire, qui fixe l'heure à laquelle les cabarets devront être fermés, est applicable au fait de la vente faite par un cabaretier, après l'heure de la clôture, par la fenêtre et dans la rue d'une bouteille d'eau-de-vie à des gens ivres; le tribunal de police ne peut renvoyer la prévenu des poursuites par ce motif que ce n'était pas dans l'intérieur du cabaret que la bouteille d'eau-de-vie avait été livrée. *Cass., 9 juillet 1855.*)

6. Un arrêté préfectoral qui ordonne que

les cafés, cabarets et autres lieux publics seront évacués à l'heure de la retraite qui sera annoncée à son de cloche, et qui fixe cette heure, pour les villes et pour les communes rurales, pour l'hiver et pour l'été, doit être appliqué aux cabaretiers dont les établissements ont été trouvés ouverts après l'heure à laquelle ils devaient être fermés, sans que les prévenus puissent être relaxés sur le motif que la retraite n'avait pas été annoncée par le son de la cloche, ni excusés parce qu'ils avaient manifesté leur repentir. (*Cass.*, 17 *février* 1855.)

7. Un cabaretier, traduit devant le tribunal de police pour avoir admis à boire dans son établissement, à une heure prohibée par les réglements, des personnes étrangères à sa maison, ne peut valablement être relaxé des poursuites dirigées contre lui, sur le motif que les buveurs trouvés chez lui étaient ses parents et ses amis qu'il avait invités.

Un arrêté préfectoral qui ordonne qu'à une heure fixée, les auberges, cabarets, brasseries, cafés et autres maisons publiques seront évacués par toutes les personnes autres que celles appartenant à ces établissements et les voyageurs qui y logent, et qui, comme tels, sont inscrits sur le registre du logeur, doit être appliqué sans distinction, entre les habitants de la commune venus dans ces lieux publics pour y boire seulement, et les voyageurs qui s'y seraient fait servir à boire et à manger, sans être compris dans l'exception faite par l'arrêté pour les voyageurs inscrits.

8. Un marchand épicier ou débitant de tabac, qui a été dûment autorisé à débiter de l'eau-de-vie ou des liqueurs, qui les vend sur le comptoir, ou dans un local dépendant de sa boutique, est astreint aux heures de fermeture imposées aux cabaretiers, si sa boutique a été, de fait, convertie en cabaret, et la profession primitive absorbée ainsi par la profession nouvelle. Dans ce cas, toutes les dispositions relatives aux cabarets et débits de boissons, deviennent applicables. (*Journal des Commissaires de police*, avril 1857, *page* 102.)

9. Le fait par un limonadier de louer ses salons à un particulier pour y donner un bal, ne l'affranchit pas des prescriptions réglementaires. (*Cass.*, 2 *mai* 1835.)

10. La défense faite par un réglement municipal aux aubergistes, cabaretiers, etc.,

de recevoir et de garder du monde chez eux après une heure déterminée, ne s'étend pas aux pensionnaires qu'ils logent : ceux-ci peuvent, après cette heure, demeurer indistinctement dans toutes les parties de l'établissement, aussi bien que dans leur chambre. (*Sirey*, 59, 1. 309.)

Toutefois il faut que la qualité des pensionnaires soit bien justifiée.

11. Bien que l'arrêté de police fixant l'heure de la fermeture des cafés, cabarets et autres lieux publics, porte que l'heure de la retraite sera annoncée par le son de la cloche, la fermeture de ces établissements ne doit pas moins être effectuée à l'heure indiquée, quoique la cloche n'ait pas encore sonné. Ce n'est pas là une condition essentielle de l'exécution de l'arrêté.

12. L'arrêté de police qui défend aux aubergistes et cabaretiers de recevoir ou garder personne chez eux après une certaine heure est inapplicable aux voyageurs, passagers et pensionnaires logeant dans l'établissement.

Mais la défense faite par un tel arrêté comprend les voyageurs qui, sans loger dans l'auberge, y seraient entrés pour s'y faire servir à boire et à manger.

L'arrêté de police qui prescrit aux cafetiers, cabaretiers et autres débitants de boissons, d'avertir immédiatement l'autorité des scènes de désordre qui auraient lieu dans leurs établissements, est applicable quelle que soit la nature du désordre, et non pas seulement dans le cas de tumultes, tourmentes sociales ou délits graves.

13. On s'est demandé si on devait comprendre les buveurs trouvés dans les cabarets après l'heure réglementaire, dans les poursuites dirigées contre les cabaretiers.

Oui, si en déterminant l'heure de fermeture, l'arrêté enjoint aux buveurs de sortir.

On ne peut donc qu'applaudir à la circulaire suivante, adressée l'année dernière par le préfet du Finistère aux maires de son département :

« Messieurs,

« Malgré le soin avec lequel sont recherchées et réprimées les contraventions aux réglements sur la police des cabarets, l'ivrognerie paraît prendre une nouvelle extension dans le Finistère. Cette funeste passion, la plaie de ce beau département, est en ce moment stimulée et ravivée par l'abondance de la récolte des pommes et

le bas prix du cidre qui en est la conséquence. Dans ces circonstances, il importe de redoubler de zèle et d'efforts
pour essayer d'arrêter nos populations sur
cette pente fatale où elles sont entraînées.

« L'article 5 de l'arrêté préfectoral du
4 janvier 1853 enjoint à toutes personnes
de sortir des cabarets aux heures fixées
pour la fermeture de ces établissements.
Donc, tout individu trouvé dans un cabaret, après l'heure réglementaire, est
en contravention, ainsi que le cabaretier
lui-même, et doit être compris dans les
procès-verbaux et dans les poursuites.

« Je vous rappelle cette disposition
essentielle, qui semble avoir été perdue
de vue, et à laquelle je désire qu'on tienne
strictement la main désormais.

« J'attends le meilleur effet de l'exécution rigoureuse de cette disposition. Je la
considère comme un moyen puissant et
efficace de réaliser, en ce qui nous concerne, la pensée de haute moralité et de
prévoyance qui a dicté le décret du 29
décembre 1851.

« Recevez, Messieurs, l'assurance de
ma considération très-distinguée.

« Le préfet du Finistère,

« Ch. RICHARD. »

13. Par conséquent, est légal et obligatoire l'arrêté d'un préfet faisant défense aux consommateurs de rester dans un café après l'heure fixée par les réglements. (*Cassation, 26 juillet* 1854.)

14. Lorsqu'un arrêté municipal porte défense aux cabaretiers et limonadiers de recevoir après une heure déterminée, cet arrêté s'applique aux personnes qui seraient trouvées chez eux sans boire ni manger, la présence de ces individus dans le cabaret emportant présomption légale que s'ils ne boivent pas, ils viennent de le faire, et qu'on s'est hâté de faire disparaître les traces de contravention.

CHAPITRE III.

De l'ivrognerie.

Les arrêtés municipaux peuvent-ils atteindre les ivrognes eux-mêmes trouvés dans les cabarets *aux heures légales?*

Sans aucun doute; l'ivrognerie est une atteinte à la morale.

Le cabaret est un lieu public, soumis à l'autorité municipale chargée de prévenir toute espèce d'atteinte à la morale dans les lieux publics.

Ceux qui les fréquentent ne doivent pas l'ignorer.

Le cabaret est le lieu d'affaires, la petite bourse, le cercle des cultivateurs, de l'ouvrier, ils doivent n'y chercher que des distractions décentes, l'occasion d'y rencontrer des personnes avec lesquelles ils ont des intérêts à régler.

S'il en était autrement, voyez les conséquences !

Certains cabaretiers, dans les années de récoltes abondantes, vendent à boire à l'heure, l'ivrogne boit pendant la première heure, s'endort ensuite, reste endormi pendant 4 à 5 heures, et la prime court toujours, de sorte qu'un homme qui boit pendant une heure et dort pendant cinq, paie comme s'il avait but pendant 6 heures !...

Et la police serait impuissante en présence de tels actes de dépravation ! cela n'est pas possible.

Le cabaretier qui tolère chez lui de semblables pratiques ne saurait être trop flétri, et son établissement doit être immédiatement fermé.

Il est donc important qu'on sache bien que le pouvoir réglementaire des préfets et des maires, sur les établissements où le public est admis sans rétribution, est sans limites, et que la loi n'admet pas d'excuse en cas de contravention.

Il ne faut pas oublier non plus que les peines de police sont indépendantes de l'indemnité due à raison du préjudice causé, et qu'aux termes de l'art. 1382 du Code Napoléon, tout fait dommageable oblige celui par la faute duquel il est arrivé à le réparer.

Ainsi, ces scènes de sauvagerie dont les journaux judiciaires sont remplis, et qui sont la conséquence de l'ivresse, peuvent compromettre la responsabilité du cabaretier, s'il n'établit pas qu'il n'a pu les prévenir. (*Cass., 8 nov. 1853.*)

On doit également considérer comme passible de dommages-intérêts envers les familles, le cabaretier ou limonadier qui facilite la débauche de la jeunesse, soit en lui accordant du crédit, soit de toute autre manière.

On s'est demandé si le pouvoir de l'autorité municipale allait jusqu'à prendre des arrêtés de police contre les personnes rencontrées dans les rues, en état d'ivresse.

L'affirmative n'est pas douteuse. En effet, la police des rues appartient à l'autorité municipale, aux termes de la loi des 16-24 août 1790.

Elle peut donc prendre tous les arrêtés propres à réprimer, et surtout à prévenir tout ce qui, peut constituer un outrage à la morale publique.

Or, c'est assurément tolérer un outrage à la morale publique que de laisser vaguer des gens qui ayant perdu le souvenir et l'usage de leurs facultés, n'ont plus que la forme qui les assimile aux autres hommes.

D'un autre côté, le maire est encore chargé de prévenir les évènements fâcheux qui pourraient être causés par les insensés ou les furieux laissés en liberté.

Ne doit-on pas assimiler l'ivrogne au fou furieux, à l'insensé, puisque si sa folie n'est qu'accidentelle, elle n'en peut pas moins à l'occasion produire les mêmes conséquences qu'une folie permanente ?

La présence d'un homme ivre dans les rues, ne peut-elle pas être d'ailleurs l'occasion de bruits, tapages, etc., qu'il est du devoir de l'administration municipale de prévenir?

On ne saurait donc trop louer et recommander à ses collègues, la mesure récemment prise par le maire d'une ville d'Alsace, qui ordonne que tout individu rencontré sur la voie publique en état d'ébriété, sera conduit et détenu au violon jusqu'au lendemain.

CHAPITRE IV.

Des Tapages injurieux et nocturnes.

1. Aux termes de l'article 480 du Code pénal, § 5, peuvent être condamnés à la peine de cinq jours d'emprisonnement :

Les *auteurs* ou complices de bruits ou tapages injurieux ou nocturnes.

Les cabaretiers ou limonadiers sont évidemment, aux termes de la loi, les complices des tapages nocturnes qui se produisent dans leur établissement, s'ils les tolèrent, et comme tels, atteints par les dispositions ci-dessus.

En effet, aux termes de l'article 60 du Code pénal, sont considérés comme complices d'une action qualifiée crime ou délit :

§ 3. Ceux qui auront, avec connaissance de cause, assisté ou aidé les auteurs de l'action dans des faits qui l'auront préparée ou facilitée, ou dans ceux qui l'auront consommée, sans préjudice des peines qui seront spécialement portées contre les auteurs de complots ou de provocations attentatoires à la sûreté extérieure de l'État.

Or, le cabaretier ou limonadier ne facilitent-ils pas les bruits, donnant lieu à répression, en prêtant, moyennant salaire et dans un but intéressé, l'appartement où se produit le tapage?

2. Ceux qui commettent dans un cabaret ou café des tapages nocturnes doivent être poursuivis comme auteurs principaux, et les chefs d'établissement qui les tolèrent comme complices. (*Cass.*, *18 nov. 1855.*)

3. Le cabaretier qui laisse se perpétuer dans son établissement la contravention de bruits et tapages nocturnes doit être considéré et puni comme complice de cette contravention; il ne peut en être affranchi sous le prétexte qu'ayant déjà été condamné pour avoir ouvert son cabaret après l'heure réglementaire, il ne peut être condamné à une seconde peine à raison d'un seul et même fait. (*Cass.*, *25 juin 1858.*)

4. Ainsi, lorsque, dans une prévention de tapages nocturnes, le juge de police constate des faits constituant ces sortes de tapages, il ne lui appartient pas de nier

les conséquences légales de ces faits et d'acquitter le prévenu. Il ne lui appartient pas de décider après avoir constaté que les tapages dont s'étaient rendus coupables les prévenus, à onze heures du soir, avaient amené un grand rassemblement de personnes, que c'était plutôt par curiosité que par effroi que ces personnes s'étaient rassemblées, et qu'il n'y avait pas lieu, par suite, de faire aux prévenus application de l'article 479, n° 8, du Code pénal.

5. Les tapages nocturnes qui ont lieu dans l'intérieur des maisons particulières constituent également la contravention.

6. Lorsqu'un arrêté préfectoral fixe les heures d'ouverture et de fermeture des auberges, cabarets, cafés, estaminets et autres débits de boissons; qu'il soumet les bals publics dans des cafés, les cafés-concerts, etc., aux mêmes dispositions; à des autorisations spéciales et à des obligations particulières, notamment celle de n'admettre dans leur orchestre aucun instrument bruyant qui puisse troubler le repos public, un sous-préfet ne peut autoriser les chefs de ces établissements à les laisser ouverts pendant toute la nuit, ou une partie de la nuit, hors

des heures déterminées par l'arrêté préfectoral.

7. Cette autorisation, surtout si elle n'est que verbale, ne peut soustraire les contrevenants aux poursuites , empêcher le commissaire de police de dresser procès-verbal et de déférer la contravention au tribunal de police.

Il est, en effet, de principe et jugé qu'une autorisation ou permission verbales ne peuvent prévaloir contre un arrêté pris par le magistrat dans la limite de ses attributions.

CHAPITRE V.

Du Jeu.

1. Aux termes de l'article 7 de la loi du 17 juillet 1791 , les jeux de hasard où l'on admet soit le public, soit des affiliés, sont défendus sous les peines ci-après :

« Les propriétaires et principaux locataires des maisons et appartements où le public serait admis à jouer des jeux de hasard seront, s'ils demeurent dans ces maisons, et s'ils n'ont pas averti la police, condamnés pour la première fois à trois cents livres, et, pour la seconde, à mille livres d'amende, solidairement avec ceux qui occuperont les appartements employés à cet usage. »

L'article 410 du Code pénal ajoute à cette disposition, en élevant la peine encourue de deux à six mois de prison, et l'amende de cent francs à six mille francs.

Mais il n'est pas nécessaire, pour encourir la peine portée contre ceux qui tiennent des maisons de jeux de hasard, d'être pris en flagrant délit. (*Cass.*, 19 *août* 1819.)

Il est bien entendu que cette peine est indépendante de celles que pourrait motiver la complicité reconnue dans certains délits dont ces sortes de réunions sont quelquefois l'occasion.

JEUX DE HASARD.

2. Les jeux que le tribunal de la Seine considère comme jeux de hasard prohibés sont :

L'as de cœur.
Les trois cartes.
La jarretière.
La roulette.
Le quadrille.
Les trois coquilles.
Le passe-dix.

La banque.

La loterie.

Loterie de quatre-vingt-dix numéros avec boules dans un sac.

Jeu dit *la parfaite égalité.*

Toutefois, ces jeux ne sont pas les seuls qu'on puisse considérer comme jeux de hasard ; les tribunaux ont à cet égard un droit d'appréciation absolu.

3. Ainsi, jugé que l'article 410 du Code pénal laisse aux magistrats le soin d'apprécier, suivant les circonstances, la nature des jeux à réprimer. (*Paris*, 10 *mai 1844.*)

4. Les jeux d'Écarté, de Bouillote, de Tapis, peuvent être réputés jeux de hasard. (*Paris*, 10 *mai 1844*; *Rennes.* 30 *mai et* 2 *septembre* 1839; *Nimes,* 16 *février* 1843; *Bordeaux,* 7 *décembre* 1843.)

5. Jugé encore qu'un limonadier qui tient un salon dans lequel on joue habituellement à l'Écarté peut, suivant les circonstances, être réputé tenir une maison de jeux de hasard. (*Cass.*, 3 *juillet* 1852.)

6. Surtout quand les cartes sont tenues par un petit nombre de personnes. (*Cass.,* 3 *juillet* 1852.)

7. La modicité des sommes risquées

n'empêche pas qu'il y ait délit. (*Cass.*, 5 *octobre* 1810.)

8. La peine est encourue lors même que l'infraction aurait pour objet une œuvre charitable. (*Cass.*, 26 *mars* 1813.)

9. Les garçons de salle des maisons de jeux clandestines doivent être réputés agents de ces établissements, et, comme tels, punissables des peines portées par l'article 410 du Code pénal. (*Cass.*, 2 *avril* 1819.)

10. L'arrêté municipal portant défense de jouer dans des établissements publics, soit aux cartes, soit à aucun jeu de hasard, ne s'applique pas au jeu de piquet, la défense dont s'agit ne devant s'entendre que des jeux de hasard ou de loterie dont parle l'article 475 du Code pénal, et le jeu de piquet ne rentrant pas dans cette catégorie. (*Sirey*, 57. 1. 309.)

———

L'autorité ne saurait apporter trop de vigilance à surveiller les établissements où on se livre au jeu.

La scandaleuse affaire dont nous reproduisons ci-après l'analyse, ne donne qu'une idée incomplète des ravages que cette funeste passion exerce dans les campagnes.

TRIBUNAL CORRECTIONNEL DE TOURS.

PRÉSIDENCE DE M. MOULNIER.

Audience du 23 septembre.

LA PASSION DU JEU DANS LES CAMPAGNES.

Deux cultivateurs et un cafetier sont poursuivis pour avoir tenu une maison de jeux de hasard clandestine, et l'information constate qu'on a fait chez eux des pertes s'élevant parfois à 1,000 fr. et même 1,500 fr. dans une soirée. Les joueurs étaient tous des cultivateurs ou des ouvriers. Plus d'un a trouvé la ruine dans ce cercle de joueurs; d'autres y sont devenus fripons. L'un d'eux raconte que tout son patrimoine a été englouti et qu'il en est réduit à travailler dans une fabrique de blanc de céruse. — Tant pis pour vous, lui dit sévèrement M. le président; c'est triste, mais vous méritez cette dure leçon; et son attitude prouve qu'il n'est pas corrigé et qu'il jouerait encore s'il avait de l'argent. Un autre, n'ayant plus d'argent, a joué son porc, sa charrette et son cheval, et il a perdu. L'information relève un fait plus triste. Dans un cercle de petite ville, et en présence d'un grand nombre de membres de ce cercle, un jeune homme de vingt-cinq ans a perdu 30,000 fr. avec un ancien instituteur, qui n'avait peut-être pas à sa disposition la trentième partie de cette somme.

Le prévenu Dumoulin tenait un café à Bléré ; les joueurs se réunissaient chez lui les jours de marché, dans une petite salle sise au premier étage de sa maison, et souvent ils y passaient une partie des nuits. Lui-même jouait à l'occasion.

Les deux autres prévenus, Lhuillier et Lubin, sont, le premier, maître maçon, le le second, cultivateur à Francueil. De temps à autre on allait chez eux après la fermeture des cafés ; on y jouait et on y buvait.

Le premier accusé est assisté de Me Robin.

Les deux autres de Me Charles Seiller.

Le siége du ministère public est occupé par M. Tournyer, substitut.

M. le président procède à l'interrogatoire des prévenus.

M. le président, à Dumoulin. — Vous êtes cafetier à Bléré, et l'information vous signale comme ayant tenu chez vous une maison de jeux ? — R. Monsieur, on jouait chez moi comme on joue partout.

D. Non, on jouait un jeu effréné, on perdait 500 fr., 1,000 fr., 1,500 fr., dans une soirée, c'est affreux cela? — R. Monsieur, on a joué gros jeu rarement.

D. A quel jeu jouait-on? — R. Au trente-un ou aux trois cartes.

D. Qu'est-ce que ce jeu? — R. Monsieur, on donne trois cartes à tous les joueurs et on tourne; puis chacun abat: celui qui approche le plus de trente-un gagne les mises.

D. Vous jouiez vous-même? — R. Oh! monsieur, bien rarement.

D. Et peut-être pas toujours d'une façon bien loyale, cela s'est dit du moins? — R. Monsieur, à cet égard, je ne crains rien; j'ai eu tort de laisser jouer, et de jouer moi-même, mais je suis un honnête homme.

D. Vous entendrez plusieurs témoins qui ont déposé en ce sens. Où jouait-on? — R. Dans mon café ou en haut.

D. Quelles ont été, selon vous, les pertes les plus fortes? — R. 5 francs, 10 francs.

D. Pourquoi mentir? Vous étiez là, et mieux que personne vous devez savoir qui a perdu jusqu'à 500 fr. et même plus. — R. Monsieur, on a perdu, mais jamais

500 fr. ; 50 fr. peut-être, mais pas d'a-
vantage.

M. le procureur impérial. — Qu'alliez-
vous faire dans une cave que vous aviez
louée, probablement pour échapper à la
surveillance de la police, et dans laquelle
vous vous réunissiez? — R. On y allait de
temps en temps manger un œuf et un
morceau de fromage. (Rires.)

M. le président. — Dites plutôt qu'on
y allait jouer.

M. le président, à Lhuillier. — Vous
êtes un cultivateur et un maçon, et cependant on vous désigne comme ayant
reçu souvent les joueurs chez vous? —
R. Que voulez-vous? je n'y ai pas vu malice, moi, je ne jouais pas. J'ai reçu les
autres pour leur faire plaisir.

D. A quelle occasion est-on allé chez
vous? — R. En sortant du café, les camarades me disaient : Dis donc, vieux, il
est encore de bonne heure, si nous al-
lions chez toi; moi je laissais faire..., on
buvait du vin sucré. (Rires dans l'auditoire.)

D. Qui venait chez vous? — R. Lubin,
Thiraut, Gaillard, Théret.

D. Quel était votre bénéfice? — R. Mon
bénéfice..., on fumait, on buvait. Je fu-

mais, je buvais avec les autres. Ça ne me coûtait rien, voilà tout.

D. On ne vous donnait pas autre chose? — R. Ah! non. Je brûlais mon bois et ma chandelle, Voilà ce que je gagnais, car je ne jouais pas avec les camarades, moi. (Rires dans l'auditoire.)

D. Jouait-on gros jeu chez vous? — R. Je ne sais pas, je ne jouais pas.

D. Tenez, soyez plus franc. Vous avez prêté de l'argent aux joueurs, vous ne pouviez donc ignorer les sommes que l'on perdait? — R. Je sais bien qu'on a perdu; j'avoue que j'ai prêté à Gaillard et à Thiraut, mais ils ne me disaient pas tout, vrai. Godeau aussi, un jeune homme du pays, leur a prêté.

D. Vous appelez Godeau un jeune homme? — R. Dam! c'est-y pas un jeune homme, il a mon âge, quarante et quelques années. (Rires prolongés.)

D. Pourquoi prêtiez-vous aux joueurs? — R. Mon Dieu! monsieur, pourquoi... c'est ce que je me dis maintenant. Ils savaient que j'avais vendu mon vin, et Gaillard me dit : Prête-moi donc de l'argent, toi qu'est un richard? — Combien? — Tout ce que tu auras. Je lui ai prêté 500 fr., puis 200 fr., et une autre fois

300 fr. C'est comme ça, voyez-vous, qu'on se laisse aller sans le vouloir, petit à petit.

D. N'avez-vous pas vu quelquefois les joueurs tricher? — R. Ah! oui, Thiraut les trompait; depuis, je ne les ai plus revus.

D. Lubin, les joueurs sont aussi allés chez vous? — R. Non, monsieur, pas chez moi, chez ma mère.

D. Qu'y avait-il? — R. Thiraut, Gaillard, Basile, Clément, Lhuillier; mais on ne jouait pas.

D. Que donnait-on à votre mère? — R. Rien du tout.

D. Vous jouiez avec eux? — Oui, monsieur.

D. Vous avez gagné? — R. Au jeu, ça va, ça vient; j'ai gagné, mais aussi j'ai perdu; une fois, il m'est arrivé de perdre 315 fr.

D. Mais c'était l'argent de votre femme et de vos enfants que vous sacrifiiez ainsi? —R. (Avec insouciance.) Mon Dieu, oui, peut-être bien.

D. Comment, peut-être bien? mais vous semblez en douter?

Le prévenu baisse la tête.

M. le procureur impérial. — Oh! Lubin était un des joueurs heureux.

M. le président, sévèrement. — Si vous avez gagné, vous êtes bien près d'être un fripon : si vous avez perdu, vous êtes un fou... Vous avez joué chez Dumoulin? — R. Oui, monsieur.

Les témoins sont appelés.

Bléré, brigadier de gendarmerie, — D. Vous avez, avant de dresser les procès-verbaux qui ont servi de point de départ à l'information, recueilli des renseignements qui vous ont amené à la découverte d'une partie de la vérité. En quoi consistent-ils ? — R. Plusieurs personnes m'avaient signalé une bande de joueurs qui jouaient tantôt à Bléré, tantôt à Franceuil et à Saint-Georges. On disait que plusieurs pères de famille avaient été ruinés. Mais où se réunissaient les joueurs ? A cet égard, je n'avais que des données vagues. Je dus attendre. Enfin, au mois d'août dernier, M. le maire de Franceuil m'avertit qu'un sieur Thiraut, de sa commune, était venu se plaindre des pertes nombreuses qu'il avait faites, et lui avait donné quelques renseignements sur les habitudes des gens qui composaient ces réunions.

M. le procureur impérial. — Ne vous dit-il pas que certaines personnes qu'il

vous nomma avaient perdu des sommes
considérables? — R. Oui, Monsieur, entre
autre Gaillard, qui avait perdu environ
10,000 francs depuis quelques années. On
me signala quelques jours après un sieur
Jodeau, de Bléré, qui, dans une soirée, à
Montrichard, avait gagné 30,000 fr. à M.
Delisle, un jeune homme de la ville.

M. le procureur impérial. — Est-ce
que vous n'avez pas entendu parler d'une
cave que Dumoulin avait louée aux envi-
rons de la ville? — R. J'ai appris en effet
que Dumoulin, craignant les recherches
de la police, avait loué une cave où il se
rendait avec sa société; mais je ne pour-
rais affirmer qu'on y jouait. Je le crois
bien cependant; je n'ai pu le constater;
ce que je sais bien, par exemple, c'est
qu'on y faisait la noce.

D. En résumé, que pensez-vous de Dumoulin? N'a-t-on pas dit que c'était le
filou de la bande? — R. Je l'ai entendu
dire.

D. Et Lhuillier? — R. Lhuillier, vous
le voyez... c'est un homme qui travaillait;
mais c'est un lichon qui courait après les
joueurs pour se faire régaler. On dit qu'il
y trouvait son profit en prêtant aux
joueurs.

Me Sciller. — Il résulte de l'information qu'il a toujours prêté sans intérêt.

Gaillard, cultivateur à Franceuil. — J'ai joué avec les camarades.

D. Chez qui? — R. Chez Dumoulin, trois ou quatre fois, je ne sais pas au juste.

D. Vous prétendez n'avoir joué chez lui que trois ou quatre fois; mais vous étiez le joueur le plus passionné; on vous trouvait partout et toujours. Depuis quand jouiez-vous? — R. Depuis cinq à six ans.

D. Vous avez perdu des sommes importantes? — R. (Avec indifférence.) Je ne sais pas au juste ce que j'ai perdu.... trois à quatre mille francs, peut-être...

Me Robin. — Le témoin ne se souvient-il pas que, dans les derniers temps, il s'est présenté chez Dumoulin accompagné de Foucher, et que la porte lui a été refusée?

M. le procureur impérial lit la déposition de Gaillard, de laquelle il résulte qu'il a joué chez Dumoulin, chez Thiraut, chez Lhuillier, chez Lubin, et que Lhuillier lui a prêté une somme de 1,000 fr. dont une partie a été par lui perdue au jeu.

D. Que s'est-il passé la dernière fois que vous êtes allé chez la veuve Lubin? — R. Il s'est passé que Thiraut m'a dit :

Il faut que je te gagne ou que tu me gagnes. Lubin a voulu nous mettre à la porte, nous sommes restés.

M. le procureur impérial. —'Ce n'est pas cela. Il s'est passé autre chose? — R. Ah! oui; Lubin, qui perdait, cherchait dans sa poche un papier qu'il ne trouvait pas; il disait qu'on le lui avait volé. Nous l'avons fouillé et nous avons trouvé ce papier. Alors il n'a plus rien dit.

D. Est-ce qu'il ne s'est pas plaint qu'on lui avait volé 40 fr.? — R. Non, monsieur, il n'en a parlé que devant le maire; mais ce n'est pas vrai.

D. (A Thiraut.) Vous avez beaucoup perdu dans les réunions de jeu? — R. Oui, monsieur; malheureusement pour moi.

D. Avez-vous joué souvent chez Lhuillier? — R. Deux ou trois fois.

D. Ne vous a-t-il pas prêté?—R. Oui, monsieur.

D. Quel intérêt a-t-il exigé? — R. Il ne m'a rien demandé; c'était pour m'obliger.

D. Vous avez beaucoup perdu, eh bien! cela ne vous a guère profité... à votre réputation, au moins, car vous êtes signalé comme un homme de mauvaise foi,

un voleur; plusieurs témoins l'ont dit.
Êtes-vous allé chez Dumoulin? — R. Oui,
monsieur; quatre ou cinq fois pour jouer
le trente-et-un.

D. Quatre ou cinq fois! vous n'avez
pas dit cela dans l'information. A quelle
heure se retirait-on? N'entrait-on pas
souvent à deux ou trois heures du ma-
tin? — R. Oh! pas souvent.

Maray, à Bléré. — J'ai joué plusieurs
fois au trente-et-un chez Dumoulin; j'ai
joué aussi chez Thiraut et chez Benoit.

D. Jouait-on cher? — R. Quelquefois
peu, quelquefois davantage.

D. Voilà une réponse prudente. Indi-
quez des chiffres. N'avez-vous pas vu perdre 300 fr., 400 fr.? — R. Oui, monsieur; moi-même je les ai gagnés; mais
aussi, je les ai perdus.

D. Puissiez-vous avoir toujours perdu,
vous n'y retourneriez plus.

Foucher, sabotier et joueur de violon,
à Lacroix. — J'ai joué deux ou trois fois
chez Dumoulin, il y a dix-huit mois ou
deux ans.

D. Vous avez dit sept ou huit fois dans
l'instruction? — R. Oui, chez lui et chez
les autres.

D. Non; voilà votre déclaration. Il en

résulte que vous avez joué sept ou huit fois chez Dumoulin, ce qui n'exclut pas votre présence chez d'autres.

D. Quels étaient les enjeux? —R. 1 fr., 2 fr., quelquefois 5 fr.

D. Comment! on n'a pas dépassé cette somme? — R. Ah! si, 10 fr... et puis après, dame! vous comprenez.

D. Oui, je comprends qu'on commençait par jouer 1 fr. et qu'on finissait par 100, 200 fr. et plus.

Le témoin. — Que voulez-vous, on s'échauffait.

D. Comment un *sabotier* comme vous, un ménétrier de village, risquait-il de perdre 200 fr.? Combien vous paie-t-on donc vos soirées et vos sabots?... vous êtes donc millionnaire?

Femme *Jaquelin*, charcutière à Bléré. — Voilà à peu près deux ans et demi, mon mari n'était pas rentré à onze heures et demie du soir. Je pensais bien qu'il était chez M. Dumoulin; j'y suis allée. M. Dumoulin est venu m'ouvrir et m'a dit qu'il était parti depuis longtemps.

D. Quel était son costume? — R. Il avait un bonnet de coton et un caleçon. J'ai su depuis par mon mari que Dumoulin m'avait trompée.

M. le président à Dumoulin. — Pourquoi ce déguisement? — R. Monsieur, c'est vrai, je me suis mis en costume de nuit quand j'ai entendu frapper Madame; mais je craignais que M. Jaguelin, s'il avait su que sa femme venait le réclamer, ne se portât à des violences envers elle; alors je me suis mis en bonnet de coton. (Rires.) Madame peut vous dire que, loin d'attirer son mari, il m'est arrivé plusieurs fois de le lui ramener. — Ça, c'est vrai, monsieur, il le protégeait.

M. le président. — Oui, quand il était ivre il le ramenait. Vous rapportait-il son argent aussi?

Jodeau, trente-neuf ans, agent d'assurances à Bléré. — Le témoin se présente en se dandinant d'une jambe sur l'autre; il est chaussé de bottes vernies. — D. Avez-vous toujours été agent d'assurances? — R. Monsieur, j'ai été instituteur.

D. Oui, et à ce titre vous avez été chargé d'instruire et de moraliser les enfants. Belle morale, si c'était celle que vous pratiquez aujourd'hui. Dites ce que vous savez.

Le témoin parle du temps où il était

instituteur; arrivé en 1848, il raconte avec complaisance les circonstances qui ont motivé sa révocation: comment, par distraction, il est allé au café.

M. le procureur impérial pense qu'il vaut mieux donner lecture de sa déposition. Cette lecture terminée, M. le procureur impérial signale surtout cette partie de jeu dans laquelle, au cercle de Montrichard, le témoin a gagné 50,000 fr. au fils d'un banquier.

Le témoin prétend que tout s'est passé honorablement et qu'il a été contraint de jouer. Après avoir gagné des sommes insignifiantes, il avait, ajoute-t-il, laissé le perdant libre de le payer. Lui n'a rien exigé.

M. le procureur impérial. — Ce n'est pas ainsi que les choses se sont passées. Une personne amie du jeune homme s'est présentée chez vous pour régler cette affaire. Une transaction est intervenue, et vous avez reçu une reconnaissance de 10.000 fr. et des billets; en tout 15,000 fr.

Jodeau. — Monsieur, je désire donner quelques explications. Je perdais plus de 5,000 fr. J'en étais très-peiné, malade, et j'avais dit à M. Delisle que, si je per-

dais encore une partie, je me retirerais.
La veine me revint, et je gagnai 50,000 fr.
Ce n'est pas moi qui ai fait la transaction.
J'ai dit à M. Delisle : Vous me paierez si
vous voulez ; on m'a offert reconnaissance
d'une partie de la somme, je l'ai accep-
tée.

M. le procureur impérial. — Permet-
tez... vous avez dit à la personne qui s'é-
tait présentée chez vous que vous tiendriez
votre adversaire quitte s'il vous souscri-
vait une reconnaissance de 10,000 fr.
et des billets... On ne vous a pas offert ; vous avez demandé, c'est bien différent.

M. le président. — Je ne m'étonne
plus que vous ayez perdu votre position
d'instituteur. — R. Monsieur, c'est en
1848.

Rouget. — En 1855, j'ai mis en loterie
deux cochons. Il y avait 2,000 billets à
50 c. Comme ils n'avaient pas tous été
placés, nous avons pris à trois ceux qui
restaient, et nous avons gagné un des
porcs, qui a été revendu 550 fr. C'est
M. Dumoulin qui a touché cette somme
et qui l'a gardée.

D. Il ne vous l'a pas volée, vous avez
joué ? — R. Ah oui, mais j'étais ivre.

Dumoulin, vivement. — Mais, **M.** le président, je n'ai pas joué avec lui.

D. Alors vous lui devez le tiers de 550 fr.

Dumoulin. — Mais, monsieur, je lui ai donné sa part en présence de témoins. Le témoin boit si souvent qu'il **ne se** rappelle pas ce qu'il fait.

Le témoin. — Monsieur, j'ai perdu chez lui 1,200 fr. en quatre mois de temps. J'ai perdu aussi ma charrette et des pommes de terre, 500 boisseaux.

D. Chez Dumoulin? — R. Non, monsieur, chez Perrotin. Aujourd'hui je travaille au blanc de céruse.

D. C'est triste, mais vous méritez cette rude leçon.

On entend ensuite les témoins à décharge dans l'intérêt de Dumoulin, et l'affaire est renvoyée à huitaine pour le réquisitoire et les plaidoiries.

A la suite de ces déplorables débats, qui ont si vivement ému l'opinion publique, est intervenu la décision suivante :

Le tribunal ,

« Attendu que depuis moins de trois ans, Dumoulin, cafetier à Bléré, a reçu un grand nombre de fois et à un jour presque fixe, dans une chambre autre que celle du public, avant et surtout après l'heure de la fermeture de son établissement, des individus de la commune ou des communes voisines, invités par lui ou amenés par des joueurs connus, et que là on se livrait à des jeux de hasard, où il semble même que la loyauté n'a pas toujours présidé ; que ces faits établis rentrent dans l'application de l'art. 410 du Code pénal ;

« Que les circonstances établies à la charge des deux autres prévenus, suffisent, quoique à un degré différent, pour caractériser le délit prévu par la loi ; qu'en effet, on retrouve chez Lhuillier et Lubin à peu près les mêmes joueurs que chez Dumoulin ; que Lhuillier retirait un profit de la réception de ces joueurs, et que Lubin y faisait plus ou moins loyalement des bénéfices considérables ;

« Mais attendu qu'il existe en faveur de Lhuillier et de Lubin des circonstances atténuantes, vu les art. 410 et 463 du Code pénal ;

« Condamne Dumoulin en deux mois de prison et 100 fr. d'amende, Lhuillier en huit jours de prison, Lubin en huit jours de prison et 100 fr. d'amende.

« Les condamne tous solidairement tant en l'amende qu'aux frais. »

CHAPITRE VI.

Des Fêtes et Dimanches.

1. Aux termes de la loi du 18 novembre 1814, article 3, dans les villes dont la population est au-dessous de cinq mille âmes, ainsi que dans les bourgs et villages, il est défendu aux cabaretiers, marchands de vin, débitants de boissons, traiteurs, limonadiers, maîtres de paume et de billard, de tenir leurs maisons ouvertes et d'y donner à boire et à jouer lesdits jours pendant le temps de *l'office.*

2. La loi du 18 novembre 1814, qui défend, dans les localités de moins de 5,000 âmes, de donner à boire et à jouer dans les cabarets, cafés, etc., pendant le temps des offices, n'a été abrogée par aucune disposition, soit constitutionnelle, soit législative ; elle est toujours en vigueur alors même *qu'il ne serait intervenu aucun arrêté administratif venant en rappeler l'exécution,* et les contrevenants ne peuvent être excusés sous prétexte que le fait à eux imputé se pratique publiquement et généralement dans leur commune sans donner lieu à aucune poursuite.

Dès lors, est légal et obligatoire l'arrêté municipal qui ordonne la fermeture des cabarets les dimanches et fêtes pendant l'office divin.

3. Le cabaretier qui, dans une localité de moins de 5,000 habitants, reçoit et laisse jouer au billard dans son établissement, pendant la grand'messe du dimanche, doit être condamné, soit comme contrevenant à l'arrêté du préfet, qui, défendant aux cabaretiers, cafetiers, etc., de donner à boire et à manger le dimanche pendant les offices, comprend par là même la défense de donner à jouer, soit comme contrevenant à la loi du 18 novembre 1814, de laquelle cette prohibition résulte.

4. Y a-t-il contravention à la loi du 18 novembre 1814 dans le fait par un aubergiste de recevoir, pendant l'office du dimanche, un notaire chargé de faire une vente étrangère à cet aubergiste, de donner à boire à une partie des acquéreurs, ou même de les garder seulement chez lui sans leur servir à boire ou à manger?

L'art. 9 de la loi du 18 novembre 1814, ne s'applique qu'aux cabaretiers, limonadiers, et en général aux débitants de boissons sur place, aux maîtres de paume et de billard. Il n'y est question ni des aubergistes, ni des maîtres d'hôtel qui reçoivent les voyageurs venant du dehors chercher chez eux leur nourriture et leur gîte.

Or, le voyageur ne peut pas toujours choisir son heure d'arrivée, et il n'est jamais entré dans la pensée du législateur de 1814, d'étendre aux hôtels et auberges les prohibitions de l'art. 9.

Toutefois, l'aubergiste devient cabaretier, lorsqu'il vend du vin sur table en dehors des repas, à d'autres qu'aux voyageurs qui y sont amenés dans son auberge par la nécessité.

Il est, dans ce cas, soumis aux conditions que la loi et les réglements appliquent aux cabaretiers, débitants de boissons sur table, et en subit les conséquences.

Si donc, dans l'espèce, l'aubergiste se borne à recevoir le notaire comme voyageur il ne fait qu'user de son droit.

Si, au contraire, il donne à boire aux personnes qui viennent là, non comme voyageurs, mais dans le but unique de conférer de leurs affaires, il est en contravention.

5. Mais le mot office s'applique-t-il aux vêpres?

Cette question, qui ne semble pas d'abord sérieuse, a cependant été posée et résolue affirmativement par la Cour de cassation (26 *fév.* 1823, 4 *nov.* 1826.)

6. On s'explique difficilement qu'une pareille question ait pu se produire. En effet, les termes de la loi ne font aucune distinction; et dans le langage religieux, comme dans le langage usuel, le mot office s'applique évidemment aux vêpres, à la messe, comme à toute cérémonie religieuse *officielle* (1).

7. Ainsi le maitre d'un café ouvert lors du passage d'une procession se rendant à six heures du soir, après vêpres, à un reposoir établi à peu de distance de ce café, est passible des peines édictées par la loi du 18 novembre 1814, pour avoir laissé sa porte ouverte ayant des buveurs dans son café, lorsque des draps, selon l'usage, sont tendus devant la façade, mais que l'un de ces draps, étant relevé, laisse voir la porte ouverte.

(1) Dans tous les temps, dans toutes les religions, un jour a été consacré au repos et au culte de la divinité, cette loi de 1814, contre laquelle on a tant réclamé est loin d'être aussi sévère que les lois juives et mahométanes, etc. Et pour ne pas aller chercher si loin nos exemples, dans le protestantisme le repos le plus absolu est commandé et observe le dimanche.

CHAPITRE VII.

Des Aubergistes. — Loueurs en garni.

REGISTRES. — INSCRIPTIONS DE VOYAGEURS. PASSEPORTS.

1. L'art. 475 du code pénal punit d'une amende de 6 francs à 10 inclusivement les aubergistes, hôteliers, logeurs ou loueuses de maisons garnies qui auront négligé d'inscrire de suite, sans aucun blanc, sur un registre tenu régulièrement, les noms, qualités, domicile habituel, date d'entrée et sortie de toute personne qui ont passé une nuit dans leurs maisons.

2. Ceux d'entr'eux qui auraient manqué à représenter ce registre aux époques déterminées par les réglements dès lors qu'ils en auront été requis, aux maires, adjoints, officiers et commissaires de police, ou aux citoyens commis à cet effet, le tout sans préjudice du cas de responsabilité mentionné en l'art. 73 du même code, relativement aux crimes ou délits de ceux qui ayant logé ou séjourné chez eux, n'auraient pas été régulièrement inscrits.

3. Les aubergistes sont soumis par l'article 475 à deux obligations distinctes :

1° l'inscription sur un registre par eux tenu régulièrement, des noms, qualités et domicile de toute personne qui couche ou passe une nuit dans leur maison.

2° La représentation de ce registre aux époques déterminées par les règlemens sur les réquisitions des fonctionnaires que désigne la loi, les obligations dont il s'agit que prescrivait également l'art. 5. tit. I de la loi des 19-22 juillet 1791, contient à cet égard une disposition expresse. (*Merlin. V° , hôtelier, Chauveau et Hélie,* 2. 8. 368.)

4. Et l'obligation d'inscrire les noms dés personnes qui couchent dans l'hôtel s'étend non-seulement aux voyageurs proprement dits, mais encore aux noms des personnes qui ont leur domicile habituel dans le lieu où est située l'auberge ou la maison garnie qu'ils ont momentanément habitée. (*Cassation,* 28 *mai* 1825. — *Sirey, Tours,* 26. 1. 79.)

5. Aux pensionnaires que logent les aubergistes, et bien que ces aubergistes ne reçoivent pas habituellement chez eux les passants ou voyageurs.

6. La preuve qu'un aubergiste a logé des voyageurs sans les inscrire sur le registre qu'il doit tenir à cet effet, peut-être

faite par témoins, à défaut de procès-verbal régulier. En conséquence, il y a lieu d'annuler le jugement de police qui avait refusé, en pareil cas, d'admettre la preuve testimoniale. (*Cassation*, 11 *décembre* 1829. *S*. 30. 1. 117.)

7. La contravention à un règlement de police enjoignant aux logeurs de remettre tous les jours à la police un bulletin du mouvement de leur maison ne peut être excusée sur le motif qu'un agent de police avait, le jour même, visé le registre du contrevenant. (*Cassation*, 13 *janvier* 1837. *S*. 37. 1. 832.

8. Les cabaretiers ne sont obligés à tenir le registre dont parle l'art. 475 du code pénal, qu'autant qu'ils logent réellement des étrangers et ne se bornent pas à donner à boire et à manger. (*Cassation*, 8 *décembre* 1832.)

9. Lorsqu'un procès-verbal, non combattu par la preuve contraire constate qu'un aubergiste a reçu, sans les inscrire sur ses registres, des voyageurs qui ont couché et passé la nuit dans son hôtellerie, le tribunal de police, saisi de cette contravention, ne peut, sans violer l'art. 475, n° 2, du Code pénal, relaxer les prévenus des poursuites, sous prétexte que les voya-

geurs, qui étaient sortis, devaient rentrer pour reprendre leurs effets laissés en dépôt. En décidant ainsi , il admettrait une excuse qui n'est point admise par la loi, et violerait les dispositions formelles de l'art 475 du Code pénal.

10. Un tribunal de police peut, sans violer les dispositions de l'art. 475 du Code pénal , renvoyer l'aubergiste prévenu de ne pas les avoir observées , s'il est constaté que les voyageurs dont il n'a pas inscrit les noms sur le registre , n'avaient pas passé une nuit dans son auberge.

11. Est légal et obligatoire l'arrêté municipal qui oblige les logeurs à exiger des voyageurs qui logent chez eux, la représentation de leurs passeports avant de les inscrire sur le registre. (*Cass.*, 8 *mai* 1858.)

12. Mais est illégal et non obligatoire l'arrêté préfectoral qui impose aux particuliers non logeurs l'obligation de déclarer au commissaire de police les personnes qu'ils auraient reçues dans des appartements garnis qu'ils leur auraient loués dans leurs maisons. (*Cass.*, 4 *juin* 1858.)

13. L'art. 154 du Code pénal punit d'un emprisonnement de 6 jours à un mois, les logeurs et aubergistes, qui sciemment

inscrivent sur leurs registres sous des noms faux ou supposés, les personnes logées chez eux.

14. Il ne suffit pas pour le maître d'hôtel ou aubergiste d'inscrire un nom quelconque qui lui serait donné par le voyageur; il doit lui demander la représentation de son passeport.

15. Sans doute l'aubergiste n'est pas juge de la sincérité du passe-port; mais s'il inscrivait un individu porteur d'un passeport faux, et ce sciemment, sans en prévenir l'autorité, il s'exposerait à être poursuivi comme complice.

16. Or, aux termes de l'art. 153 du code pénal, quiconque fabriquera un faux passeport, ou falsifiera un passe-port originairement véritable, ou fera usage d'un passeport fabriqué ou falsifié, sera puni d'un emprisonnement d'un an au moins et de 5 ans au plus.

17. Nous avons vu n° 3 de ce chapitre, que l'art. 475, du Code pénal, contenait deux parties distinctes : l'une relative à l'inscription sur un registre, tenu conformément aux prescriptions de la loi, l'autre à l'obligation de représenter ce registre.

Cette double obligation n'est imposée qu'à ceux qui font état de recevoir habituellement des étrangers, le passant, l'inconnu, pour une seule nuit ou pour un temps indéterminé.

18. Est légal l'arrêté qui prescrit aux propriétaires d'hôtels garnis de porter aux commissaires de police les passeports des voyageurs logés chez eux.

19. L'article 475, n° 2, du Code pénal, n'oblige les logeurs à inscrire sur leurs registres que les personnes qui se présentent à titre de locataires et non celles qu'ils ont à titre de domestiques; en conséquence, le juge de police peut renvoyer le prévenu de la contravention à cet article, lorsqu'il est constaté, en fait, que la personne non inscrite et objet de la contravention, a été reçue par le logeur à titre de domestique.

20. Est légal et obligatoire l'arrêté préfectoral qui, en rappelant les aubergistes, logeurs et autres maîtres d'établissements logeant en garni à l'exécution du paragraphe 2 de l'article 475 du Code pénal, leur prescrit de représenter, tous les quinze jours, à la mairie, les registres qu'ils doivent tenir en exécution de cet article; dès lors, le tribunal de police ne peut pas, lorsque la contravention ci-dessus est constatée par un procès-verbal

régulier et d'ailleurs avouée par le prévenu, excuser la contravention en se fondant sur un oubli unique et accidentel ; mais il peut juger que les prévenus n'étaient pas tenus de porter tous les quinze jours, leurs registres au bureau du commissaire de police, placé hors de la mairie. (*Cass.*, 15 *mai* 1856).

CHAPITRE VIII.

De la Responsabilité de l'Hôtelier.

1. Aux termes de l'art. 1952 du Code Napoléon, les aubergistes sont responsables, comme dépositaires, des effets apportés par le voyageur qui loge chez eux ; le dépôt de ces sortes d'effets doit être regardé comme un dépôt nécessaire.

2. Art. 1953. Ils sont responsables du vol ou du dommage des effets du voyageur, soit que le vol ait été fait ou que le dommage ait été causé par les domestiques préposés de l'hôtellerie, ou par des étrangers allant et venant dans l'hôtellerie.

3. Art. 1954. Ils ne sont pas responsables des vols commis avec force armée ou avec force majeure.

4. Les aubergistes et hôteliers sont res-

ponsables du vol commis par leurs domestiques d'objets appartenant aux voyageurs
logeant chez eux, et cela quand même le
voyageur aurait négligé de déclarer à l'hôtelier l'existence de ces objets.

5. Cette responsabilité commence au
moment de l'arrivée du voyageur, de l'ap-
port de ses effets, et se perpétue jusqu'au
moment du départ du voyageur et du
transport de ses effets hors de l'hôtellerie.
Ainsi, l'aubergiste n'est pas déchargé de
cette responsabilité par le seul fait de la
remise des effets au propriétaire qui les
aurait lui-même attachés sur son cheval,
lorsque ces effets ont continué de rester
dans la cour de l'auberge, et ont été volés
avant d'en être sortis. (*Rouen*, 12 *ger.*, 310.)

6. Ainsi, un aubergiste est responsable
d'une somme d'argent qui se trouvait
dans la voiture d'un messager logé dans
son auberge, encore bien que, lors de
son arrivée, le messager n'ait pas déclaré
cette somme à l'aubergiste.

Et dans ce cas, le messager, à défaut
d'autres preuves sur la quotité de la somme,
peut en être cru sur son serment. (*Duran-
ton*, 18 *n*° 82.)

7. Les aubergistes sont, de plein droit, responsables du dommage ou de la perte des

effets des voyageurs, aussi bien que lorsque ce dommage provient d'incendie que dans le cas où il provient de toute autre cause. La présomption légale est que l'accident a eu lieu par la faute de l'aubergiste : c'est à lui, pour être déchargé de la responsabilité, à prouver qu'aucun fait d'imprudence ou de négligence ne lui est imputable, et que le dommage est le résultat d'une force majeure. (*Paris*, 17 *janvier* 1050.)

8. Pour qu'il y ait lieu à responsabilité il n'est pas nécessaire que le voyageur ait séjourné dans l'auberge. (*Metz*, 17 *avril* 1812.)

9. L'aubergiste est civilement responsable de la perte des effets qui ont été volés au voyageur descendu dans son hôtellerie, quoiqu'il n'ait pas eu connaissance du dépôt de ces effets. (*Rouen*, 4 *février* 1847.)

10. Le mot *effets* de l'art. 1952, C. civ., qui déclare les aubergistes ou hôteliers responsables, comme dépositaires des *effets* apportés par les voyageurs, est une expression générique qui comprend les *marchandises*, les *animaux* et tous autres objets. (*Rennes*, 26 *décembre* 1833.)

11. L'aubergiste ne peut, pour limiter sa responsabilité, se prévaloir d'une pancarte

imprimée et placardée dans toutes les chambres de l'hôtellerie, indiquant les mesures de précaution à prendre par les voyageurs, et la valeur jusqu'à concurrence de laquelle l'aubergiste entend être responsable. (*Rouen*, 4 *février* 1849.)

12. Toutefois, il a été décidé, dans des espèces particulières, que la responsabilité des aubergistes ne doit pas être entendue d'une manière absolue (mais ces décisions peuvent être l'objet de controverse); qu'ainsi, ils ne sont pas responsables de la perte de valeurs considérables apportées par les voyageurs, et que ceux-ci n'ont point déclarées. (*Paris*, 21 *novembre* 1836.)

13. Ni de la perte d'effets précieux, surtout si le voyageur avait une armoire fermée à clef dont il n'a pas fait usage. (*Paris*, 2 *avril* 1844.)

14. Si le voyageur a négligé de fermer la porte de sa chambre, ou de renfermer les effets précieux qui lui on été dérobés.

15. La responsabilité doit être restreinte à la somme jugée nécessaire aux voyageurs, et qui peut être considérée comme faisant partie de leur bagage. *Rouen*, 4 *février* 1847.)

CHAPITRE IX.

Du Privilége des Aubergistes et Hôteliers.

1. Aux termes de l'art. 2102 du Code Napoléon, les fournitures de l'aubergiste sont privilégiées sur les effets des voyageurs qui ont été transportés dans son auberge.

Le privilége d'un aubergiste sur les effets d'un voyageur ne s'étend point au cas de fournitures faites lors d'un précédent voyage. — Les effets ne répondent et ne sont le gage que des fournitures faites pendant le voyage pour lequel ils ont été transportés (*Rouen*, 16 *messidor*, *an* VIII.)

2. Le privilége ne s'étend pas aux fournitures faites lors d'un précédent voyage. (*Troplong*, n° 206.)

3. Le privilége établi par l'art. 2102, n. 5, en faveur de l'aubergiste pour ses fournitures, sur les effets du voyageur, n'existe que sur les effets appartenant à ce voyageur : ceux qui ont été loués à celui-ci ne sont pas affectés au privilége et peuvent être revendiqués par le propriétaire, surtout lorsqu'il est démontré que l'aubergiste savait que les effets n'appartenaient

pas au voyageur. (*Bruxelles*, 12 *juil.* 1806.
Colmar, 26 *avril* 1816.)

4. Les priviléges du gagiste, du voiturier
et de l'aubergiste, priment le privilége du
vendeur d'objets mobiliers. (*Zacharia* 2,
§ 290.)

5. L'aubergiste qui sait que les meubles
transportés chez lui par un voyageur ne
sont pas payés ne peut non plus exercer
de privilége sur ces meubles au préjudice
du vendeur.

CHAPITRE X.

Du Refus de Voyageurs.

1. Une ordonnance de Charles IX, du
20 janvier 1563, impose aux aubergistes
l'obligation de recevoir chez eux tous les
voyageurs qui se présentent, avec injonction au magistrat, en cas de poursuite, de
se transporter sur les lieux pour vérifier
si l'hôtellerie est pleine, et voir si l'hôtellerie sera pleine, ou autrement connaître
la cause dudit refus; laquelle n'étant, ni
légitime ni fondée, et qu'il soit prouvé
que l'hôtelier, par malice, aurait refusé
de loger le complaignant, en ce cas sera
condamné sur-le-champ ledit hôtelier,

en dix livres d'amende envers ledit complaignant, et pareille amende envers nous (envers l'État).

Cette ordonnance est-elle encore en vigueur et doit-elle recevoir son application ?

Nous ne le pensons pas, malgré l'autorité légitime de M. Favard de Langlade, qui soutient le contraire. Assurément il peut y avoir de l'inhumanité de la part d'un hôtelier, à refuser asile à un voyageur, dans certains cas.

Une auberge est sans doute un lieu public, soumis à des lois de police, mais la profession d'aubergiste n'en est pas moins comprise dans les industries, dont la liberté a été proclamée par les lois des 2, 17 mars 1791, 24 juin 1793, et par la constitution du 5 fructidor an iii. Il est donc loisible à celui qui l'exerce de recevoir ou refuser qui bon lui semble.

2. Cependant cette question s'est plusieurs fois présentée devant les tribunaux et a donné lieu notamment aux décisions suivantes :

Le refus fait par un aubergiste de recevoir chez lui un mendiant malade, qui lui est amené par le commissaire de police, avec offre de payer la dépense, n'est pas passible de l'application de l'art. 475 n° 12 du code pénal, concernant les réquisitions faites en cas d'accidents publics. *Cassation, 2 juillet 1857, 5 oct. 1857.*

CHAPITRE XI.

Des Marchés.

Aux termes de la loi du 16-24 août 1790, titre 11, art. 5, la police et l'approvisionnement des marchés sont confiés à la surveillance de l'autorité municipale.

1. Lorsqu'un arrêté du maire d'une ville défend d'acheter et d'exposer en vente des grains, denrées et marchandises, les jours de foires et marchés, sur tout autre emplacement que ceux affectés aux réunions commerciales, y a-t-il contravention à cet arrêté de la part des gens de campagne qui viennent au marché de la ville avec un échantillon, et de la part des marchands de grains qui achètent sur cet échantillon, la vente se concluant dans une auberge ou un café, et le grain vendu étant conduit et livré sur le lieu prescrit le jour du marché suivant? En conséquence, les acheteurs et les vendeurs peuvent-ils être traduits devant le tribunal de

simple police pour vente sur échantillon, hors de l'emplacement déterminé.

Oui évidemment; autrement rien ne serait plus facile que de se soustraire aux prescriptions réglementaires.

2. Le règlement portant défense de vendre des grains et farines dans les villes et faux bourgs, ailleurs que sur le terrain de la halle ou marché, rentre dans le pouvoir confié à l'administration municipale. — Ce pouvoir n'est nullement restreint par le principe de la libre circulation des grains, consacré par la loi de prairial an V. (*Cass.*, 12 *avril* 1854.)

3. Il y a contravention punissable dans le fait de celui qui, contrairement à un règlement de police, achète des grains en route pour le marché, ou sur le marché avant l'heure déterminée par le règlement. (*Cass.*, 19 *avril* 1834.)

4. Est légal et obligatoire l'arrêté municipal qui interdit aux commerçants et revendeurs de se transporter sur les routes et chemins pour y acheter des denrées (des grains) avant leur arrivée au marché. (*Sirey*, 58. 1. 90.)

5. Est légal et obligatoire le règlement qui défend aux grainetiers et marchands de fourrages, ainsi qu'aux cultivateurs

d'acheter et vendre des fourrages partout ailleurs qu'au marché ; et il y a contravention à ce règlement, dans la vente faite par le cultivateur à un marchand, hors de la ville, même au domicile du cultivateur. (*Cass.*,12 *nov.* 1830.)

6. Est légal, l'arrêté qui interdit aux revendeurs l'achat de fruits qui n'ont pas été exposés sur le marché, pendant le temps déterminé. (*Cass.*, 19 *juin* 1840.)

7. Id. L'arrêté qui défend aux revendeurs, d'aller au devant des vendeurs et de faire aucun achat avant une certaine heure. (*Cass.*, 18 *juillet* 1840.)

8. L'interdiction faite par un règlement municipal de vendre ou acheter des fruits ailleurs qu'au marché, doit être entendue en ce sens qu'il n'est même pas permis d'en acheter sur les lieux de production, pour être livrés directement au domicile de l'acheteur. (*Cass.*, 13 *décemb.* 1844.)

9. Lorsqu'un procès-verbal constate la contravention à un arrêté municipal qui défend à toutes personnes d'envoyer en vente des fruits, légumes etc. ailleurs que sur la place, le tribunal de police ne peut relaxer le prévenu sans que la preuve contraire du procès-verbal ait été faite, en l'excusant par des motifs d'humanité, et

par le peu de valeur des produits vendus en contravention. (*Cass.*, *3 juin 1858.*)

10. L'arrêté municipal qui, pour assurer l'approvisionnement d'un bourg, interdit les jours de marché, la vente de certaines denrées, ailleurs que sur la place du marché, est légal et obligatoire ; il s'applique aussi bien à celui qui achète les denrées qu'à celui qui les vend. Cet acheteur ne saurait prétendre qu'il n'achetait que pour l'exportation, cette circonstance ayant également pour effet de détourner les denrées de l'approvisionnement et d'en amener le renchérissement. (*Cass.*, *23 juillet* 1858.)

11. Est légal, l'arrêté qui prescrit le lieu de la vente de la viande.

12. Sauf toutefois pour les bouchers sédentaires. (*Cass.*, *12 juillet* 1849.)

13. Jugé que l'autorité municipale est investie du droit de défendre aux marchands forains, l'exposition en vente, de marchandises dans tout autre lieu que celui désigné par l'arrêté. (*Cass.*, *18 juillet* 1839.)

14. Elle peut également défendre aux cabaretiers et autres habitants, de souffrir dans leurs maisons, cours et écuries, des ventes de certaines denrées, qui doivent

êtres exposées dans un lieu désigné à cet effet. (*Même arrêt que dessus.*)

15. Est légal, l'arrêté municipal qui prescrit aux marchands forains, de ne vendre publiquement leurs marchandises qu'autant qu'elles auront été préalablement pesées ou mesurées devant les acheteurs. (*Cass., 7 et 8 mai 1841.*)

16. Id. de l'arrêté qui prescrit que les ventes publiques faites par les colporteurs, auront lieu d'après les mesures légales. (*Cass. 7 mai 1841.*)

17. Jugé que l'autorité municipale peut astreindre les marchands forains et colporteurs, à n'étaler et vendre leurs marchandises les jours de foire et marché, que dans le lieu par elle désigné, et pour les autres jours, de leur imposer l'obligation de la prévenir des endroits où ils ont l'intention de vendre. (*Cass., 22 décembre 1838.*)

CHAPITRE XII.

De la Falsification des substances alimentaires.

LOI DU 27 MARS 1851

Sur les falsifications des substances alimentaires.

ART. 1er. — Seront punis des peines portées par l'art. 423 du Code pénal (1), ceux qui falsifieront des substances ou denrées alimentaires ou médicamenteuses destinées à être vendues ; 2º ceux qui vendront ou mettront en vente des substances ou denrées alimentaires ou médicamenteuses qu'ils sauront être falsifiées ou corrompues ; 3º ceux qui auront trompé ou tenté de tromper, sur la quantité des choses livrées, les personnes auxquelles ils vendent ou achètent, soit par l'usage de faux poids ou de fausses mesures, ou d'instruments inexacts servant au pesage ou mesurage, soit par des manœuvres ou procédés tendant à fausser l'opération du pesage ou mesurage, ou à augmenter frau-

(1) Trois mois à un an d'emprisonnement, le quart des restitutions sans que la somme puisse être fixée au-dessous de 50 francs.

duleusement le poids ou le volume de la marchandise, même avant cette opération, soit, enfin, par des indications frauduleuses tendant à faire croire à un pesage ou mesurage antérieur et exact.

Art. 2. — Si, dans les cas prévus par l'art. 423 du Code pénal ou par l'art. 1er de la présente loi, il s'agit d'une marchandise contenant des mixtions nuisibles à la santé, l'amende sera de 50 à 500 francs, à moins que le quart des restitutions et dommages-intérêts n'excède cette dernière somme; l'emprisonnement sera de trois mois à deux ans. — Le présent article sera applicable même au cas où la falsification nuisible serait connue de l'acheteur ou consommateur.

Art. 3. — Sont punis d'une amende de 16 à 25 francs, et d'un emprisonnement de six à dix jours, ou de l'une de ces deux peines seulement, suivant les circonstances, ceux qui, sans motifs légitimes, auront dans leurs magasins, boutiques, ateliers ou maisons de commerce, ou dans les halles, foires ou marchés, soit des poids ou mesures faux, ou autres appareils inexacts servant au pesage ou au mesurage, soit des substances alimentaires ou médicamenteuses qu'ils sauront

être falsifiées ou corrompues. Si la subs-
tance falsifiée est nuisible à la santé, l'a-
mende pourra être portée à 50 fr., et l'emprisonnement à quinze jours.

Art. 4. — Lorsque le prévenu, con-
vaincu de contravention à la présente loi
ou à l'art. 423 du Code pénal, aura, dans
les cinq années qui ont précédé le délit,
été condamné pour infraction à la présente
loi ou à l'art. 423, la peine pourra être
élevée jusqu'au double du maximum; l'a-
mende prononcée par l'art. 423 et par les
art. 1 et 2 de la présente loi pourra être
portée jusqu'à mille francs si la moitié des
restitutions et dommages-intérêts n'excède
pas cette somme : le tout sans préjudice
de l'application, s'il y a lieu, des art. 57
et 58 du Code pénal.

Art. 5. — Les objets dont la vente,
l'usage ou la possession constituent le
délit, seront confisqués conformément à
l'art. 423 et aux art. 477 et 481 du Code
pénal. — S'ils sont propres à un usage
alimentaire ou médical, le tribunal pourra
les mettre à la disposition de l'administration pour être attribués aux établissements
de bienfaisance. — S'ils sont impropres à
cet usage ou nuisibles, les objets seront
détruits ou répandus aux frais du con-

damné. — Le tribunal pourra ordonner que la destruction ou effusion aura lieu devant l'établissement ou le domicile du condamné.

Art. 6. — Le tribunal pourra ordonner l'affiche du jugement dans les lieux qu'il désignera, et son insertion intégrale ou par extrait, dans tous les journaux qu'il désignera, le tout aux frais du condamné.

Art. 7. — L'art. 463 du Code pénal sera applicable aux délits prévus par la présente loi.

Art. 8. — Les deux tiers du produit des amendes sont attribués, aux communes dans lesquelles les délits auront été constatés.

Art. 9. — Sont abrogés les art. 475, n° 14 et 479, n° 5, du Code pénal.

LOI DU 5 MAI 1855

Qui déclare applicables aux Boissons les dispositions de la Loi du 27 mars 1851.

Art. 1er. — Les dispositions de la loi du 27 mars 1851 sont applicables aux boissons.

Art. 2. — L'article 318 et le n° 6 de

l'article 475 (1) du Code pénal sont et demeurent abrogés (2).

3. Toute altération de boissons, de quelque importance qu'elle soit, lorsqu'il n'est pas constaté qu'elle ait eu lieu avec des substances nuisibles à la santé, par exemple, le mélange d'eau à l'eau-de-vie, constitue la contravention prévue par les art. 475 et 477 du code pénal. (*Cass.* 12 *juillet* 1855)

4. Depuis la loi du 5 mai 1855, qui a rendu applicable aux boissons falsifiées la loi du 27 mars 1851, et a, par conséquent, abrogé l'article 475, n° 6, du Code pénal, le tribunal de police est incompétent pour statuer sur une prévention de cette nature.

Les délinquants doivent donc être traduits en police correctionnelle.

(1) CODE PÉNAL 318.

Emprisonnement de six jours à deux ans, amende de 16 à 500 fr. P. 9. — 3°, 40, s. Saisie et confiscation des boissons falsifiées trouvées appartenir au vendeur ou débitant.

(2) 475, n° 6. Seront punis d'une amende de 6 à à 10 francs, ceux qui auront vendu ou débité des boissons falsifiées, sans préjudice des peines plus sévères qui seront prononcées par les tribunaux de police correctionnelle, dans le cas où elles contiendraient des mixtions nuisibles à la santé.

5. Toutefois, le juge de police est compétent pour statuer sur une prévention d'exposition en vente, sur la place du marché, de denrées alimentaires corrompues en contravention à un arrêté municipal, lorsqu'il n'est pas établi ni même articulé par le ministère public que le prévenu connaissait l'état de corruption de ces denrées, circonstance qui entraînerait l'application de l'art. 1er de la loi du 27 mars 1851.

CHAPITRE XIII.

Des Dettes de Café et Cabaret.

Dans plusieurs pays la législation ne reconnaît pas plus les dettes de cabaret que les dettes de jeu ; cette disposition est sage.

En effet, une dette suppose un marché, une convention, dont le solde soit ajourné.

Dans une dette de café et de cabaret, rien de semblable, elle est presque toujours le résultat de l'entraînement, de l'irréflexion, souvent même de mauvaises passions.

La loi française est moins rigoureuse, elle les soumet seulement à une prescription de six mois.

Et encore ne suppose-t-elle pas les dettes de café ou de cabaret. Mais les dettes contractées envers le traiteur et l'hôtelier, *à raison du logement et de la nourriture qu'ils fournissent. (art. 2271. C. Nap.)*

Les tribunaux ne sauraient donc se montrer trop sévères dans l'application de cet art. quand il s'agit de cafés et cabarets.

Doit être considéré comme usurier et condamné comme tel, le chef d'établissement qui, pour se payer, est dans l'usage de se faire souscrire des billets comprenant des intérêts qui excèdent le taux légal. *(Cass., rej., 29 mai 1856.)*

CHAPITRE XIV.

De la Police du Roulage.

Bien que les lois et règlements sur la police du roulage ne semblent pas intéresser directement le cabaretier, il est néanmoins utile qu'il en connaisse les principales dispositions, en raison de ses rapports journaliers avec les voituriers, cultivateurs et propriétaires, qui descendent chez lui, et auxquels il peut éviter une infraction, par un conseil utile, soit même en raison de la responsabilité qui peut accidentellement l'atteindre.

La loi du 30 mai 1851 dispose :

Art. 1er. Les voitures suspendues ou non suspendues, servant au transport des personnes ou des marchandises, peuvent circuler sur les routes nationales, départementales et chemins vicinaux de grande communication, sans aucune condition de réglementation de poids ou de largeur de jantes.

2. Des règlements d'administration publique déterminent :

§ 1er. Pour toutes les voitures,

1º La forme des moyeux, le maximum de la longueur des essieux et le maximum de leur saillie au delà des moyeux;

2º La forme des bandes des roues;

3º La forme des clous des bandes;

4º Les conditions à observer pour l'emplacement et les dimensions de la plaque prescrite par l'article 3.

5º Le maximum du nombre des chevaux de l'attelage que peut comporter la police ou la libre circulation des routes;

6º Les mesures à prendre pour régler

momentanément la circulation pendant les jours de dégel, et les précautions à prendre pour la protection des ponts suspendus.

§ 2. Pour les voitures ne servant pas au transport des personnes :

1° La largeur du chargement ;
2° La saillie des colliers des chevaux ;
3° Les modes d'enrayage ;
4° Le nombre des voitures qui peuvent être réunies en un même convoi, l'intervalle qui doit rester libre d'un convoi à un autre, et le nombre de conducteurs exigé pour la conduite de chaque convoi ;
5° Les autres mesures de police à observer par les conducteurs, notamment en ce qui concerne le stationnement sur les routes, et les règles à suivre pour éviter ou dépasser d'autres voitures.

Sont affranchies de toute réglementation de largeur de chargement les voitures de l'agriculture servant au transport des récoltes de la ferme aux champs et des champs à la ferme ou au marché.

§ 3. Pour les voitures de messageries :

1° Les conditions relatives à la solidité et à la stabilité des voitures ;

2º Le mode de chargement, de conduite et d'enrayage des voitures;

3º Le nombre de personnes qu'elles peuvent porter;

4º La police des relais;

5º Les autres mesures de police à observer par les conducteurs, cochers ou postillons, notamment pour éviter ou dépasser d'autr s voitures.

3. Toute voiture circulant sur les routes nationales, départementales et chemins vicinaux de grande communication, doit être munie d'une plaque conforme au modèle prescrit par le règlement d'administration publique rendu en vertu du nº 4 du premier paragraphe de l'article 2.

Sont exceptées de cette disposition :

1º Les voitures particulières destinées aux transports des personnes, mais étrangères à un service public des messageries;

2º Les malles-postes et autres voitures appartenant à l'administration des postes;

3º Les voitures d'artillerie, chariots et fourgons appartenant au département de la guerre et de la marine;

Des décrets du président de la République déterminent les marques distinctives que doivent porter les voitures désignées aux paragraphes 2 et 3, et les titres dont leurs conducteurs doivent être munis ;

4° Les voitures employées à la culture des terres, au transport des récoltes, à l'exploitation des fermes, qui se rendent de la ferme aux champs ou des champs à la ferme, ou qui servent au transport des objets récoltés du lieu où ils ont été recueillis jusqu'à celui où, pour les conserver ou les manipuler, le cultivateur les dépose ou les rassemble.

4. Toute contravention aux règlements rendus en exécution des dispositions des n°s 1, 2, 3, 5 et 6 du premier paragraphe de l'article 2, et des n°s 1, 2 et 3 du deuxième paragraphe du même article, est punie d'une amende de cinq à trente francs.

Toute contravention aux règlements rendus en exécution des dispositions des n°s 4 et 5 du deuxième paragraphe de l'article 2 est punie d'une amende de six à dix francs et d'un emprisonnement de un à trois jours. En cas de récidive, l'amende pourra être portée à quinze francs et l'emprisonnement à cinq jours.

6. Toute contravention aux règlements rendus en vertu du troisième paragraphe de l'article 2 est punie d'une amende de seize à deux cents francs et d'un emprisonnement de six à dix jours.

7. Tout propriétaire d'une voiture circulant sur des routes publiques sans qu'elle soit munie de la plaque prescrite par l'article 3 et par les règlements rendus en exécution du n° 4 du premier paragraphe de l'article 2, sera puni d'une amende de six à quinze francs, et le conducteur d'une amende de un à cinq francs.

8. Tout propriétaire ou conducteur de voitures qui aura fait usage d'une plaque portant un nom ou domicile faux ou supposé, sera puni d'une amende de cinquante à deux cents francs et d'un emprisonnement de six jours au moins et de six mois au plus.

La même peine sera applicable à celui qui, conduisant une voiture dépourvue de plaque, aura déclaré un nom ou domicile autre que le sien ou que celui du propriétaire pour le compte duquel la voiture est conduite.

9. Lorsque, par la faute, la négligence ou l'imprudence du conducteur, une voiture aura causé un dommage quelconque à une

route ou à ses dépendances, le conducteur sera condamné à une amende de trois à cinquante francs.

Il sera, de plus, condamné aux frais de la réparation.

10. Sera puni d'une amende de seize à cent francs, indépendamment de celle qu'il pourrait avoir encourue pour toute autre cause, tout voiturier ou conducteur qui, sommé de s'arrêter par l'un des fonctionnaires ou agents chargés de constater les contraventions, refuserait d'obtempérer à cette sommation et de se soumettre aux vérifications prescrites.

11. Les dispositions du livre 3, titre 1er, chapitre 3, section 4, paragraphe 2 du Code pénal sont applicables en cas d'outrages ou de violences envers les fonctionnaires ou agents chargés de constater les délits et contraventions prévus par la présente loi.

12. Lorsqu'une même contravention ou un même délit prévu aux articles 4, 7 et 8 a été constaté à plusieurs reprises, il n'est prononcé qu'une seule condamnation, pourvu qu'il ne se soit pas écoulé plus de vingt-quatre heures entre la première et la dernière constatation.

Lorsqu'une même contravention ou un

même délit prévu à l'article 6 a été constaté à plusieurs reprises pendant le parcours d'un même relais, il n'est prononcé qu'une seule condamnation.

Sauf les exceptions mentionnées au présent article, lorsqu'il aura été dressé plusieurs procès-verbaux de contravention, il sera prononcé autant de condamnations qu'il y aura eu de contraventions constatées.

13. Tout propriétaire de voiture est responsable des amendes, des dommages-intérêts et des frais de réparation prononcés, en vertu des articles du présent titre, contre toute personne préposée par lui à la conduite de sa voiture.

En conséquence de cette loi est intervenu, le 10 août 1852, un décret réglementaire qui porte entre autres dispositions :

Art. 10. Il est interdit de laisser stationner sur la voie publique aucune voiture attelée ou non attelée.

Art. 28. Pendant la nuit, les voitures publiques seront éclairées par une lanterne à réflecteur placée à droite à l'avant de la voiture.

JURISPRUDENCE.

1. Le fait, par un cabaretier, de tolérer que la voiture d'un voyageur ou voiturier qui reste à boire chez lui reste attachée à sa porte, peut constituer un embarras de la voie publique, et rendre le cabaretier, personnellement comme auteur ou co-auteur, et passible des peines édictées par l'art. 471 du Code pénal.

2. Un aubergiste qui laisse stationner sur la voie publique, pendant la nuit, un certain nombre de voitures de roulage ou autres appartenant à des personnes logées chez lui, occupant en longueur un assez grand espace, 50 ou 60 mètres par exemple, n'est pas tenu de faire éclairer chaque voiture pendant la nuit; mais il doit faire éclairer l'ensemble, de manière à ce que le danger puisse être signalé et reconnu.

3. Le voiturier conduisant une voiture de roulage à trois chevaux, et assis sur son cheval du milieu, ne peut être considéré comme étant à portée de ses chevaux, en état de les guider; il contrevient dès lors à l'art. 14, du décret du 10 août 1852, qui règle les doubles conditions des roulages circulant sur les grandes routes. (Cass., 6 mars 1856.)

4. Dans une commune où il n'existe pas d'arrêté municipal prohibant le stationnement de voitures attelées dans les rues et autres voies publiques, le fait du voiturier qui a pris soin d'attacher à un mur son cheval attelé ne saurait constituer la contravention prévue par l'article 475, n° 3, du Code pénal, lequel punit les charretiers qui ne se tiennent pas constamment à portée de leurs chevaux, pour être en état de les guider et conduire.

5. La double peine d'amende et d'emprisonnement portée contre celui qui a fait circuler la charrette la nuit, sans l'avoir pourvue d'une lanterne allumée étant impérative, les tribunaux ne peuvent se dispenser de la prononcer, lorsqu'ils ne reconnaissent pas de circonstances atténuantes en faveur du prévenu. (*Cass.*, 12 *juillet* 1855.)

6. Jugé que la mention dans le procès-verbal dressé par un garde champêtre et duement affirmée que le fait du stationnement d'une voiture sur une route départementale, a eu lieu sans nécessité doit faire foi jusqu'à preuve contraire. (*Cass.*, 26 *mai* 1856.)

CHAPITRE XV.

Du louage de voitures (1).

1. Le loueur de voitures, qui loue au public des voitures partant à volonté et qu'il fait conduire par ses chevaux et par ses gens, est un entrepreneur de voitures publiques, dans le sens de la loi du 25 mars 1817, est en conséquence soumis, de même que les entrepreneurs de services réguliers, à toutes les obligations imposées à ces entrepreneurs par la loi précitée, spécialement à l'obligation d'avoir pour ses voitures un laissez-passer et une estampille. (*C. cass.*, *18 déc. 1817.*)

2. Tout particulier qui transporte dans sa voiture des voyageurs à prix d'argent est soumis d'une manière absolue à toutes les obligations imposées aux entrepreneurs de voitures publiques. — Ainsi, un particulier trouvé conduisant à prix d'argent des voyageurs dans sa voiture, sans pouvoir représenter un laissez-passer, ne peut être affranchi de la confiscation et

(1) Toutes les infractions POSTALES auxquelles peut donner lieu le louage des voitures, sont indiquées et résolues dans le *Petit Livre des Postes*, voir page 86

de l'amende, sous prétexte que sa voiture était habituellement destinée au transport de marchandises, et qu'il n'avait pris les voyageurs qu'accidentellement. (*C. cass.*, *26 oct. 1821.*)

3. Jugé dans le même sens, que le fait par un individu d'avoir, ne fût-ce qu'une seule fois, transporté dans sa voiture des voyageurs à prix d'argent, sans avoir soumis cette voiture à l'estampille, et sans s'être muni d'un laissez-passer, constitue la contravention punie par les art. 120 et 121 de la loi du 28 avril 1816.

4. Pour être réputé entrepreneur de voitures publiques, et, comme tel, assujetti aux obligations imposées par cette loi, il n'est pas nécessaire qu'il y ait habitude de transport. (*C. cass., 19 juill. 1833.*)

5. Il ne suffit pas que le conducteur d'une voiture publique représente aux préposés de la régie une estampille tirée par lui de dessous les coussins de sa voiture ; il faut que cette estampille *soit fixe et et fasse corps* avec la voiture. (*C. cass., 8 janv. 1819.*)

6. Il ne suffit pas non plus que les voitures publiques soient revêtues d'une estampille ; il est nécessaire, à peine de contravention, que le conducteur repré-

sente aux employés de la régie, le laissez-passer qui autorise la mise en circulation, *au moment même où cette représentation est demandée.* (*C. cass.*, 6 *avril* 1821.)

7. *Id.* Et il ne peut à cet égard invoquer aucun motif d'oubli ou de bonne foi. — Les juges ne peuvent, en conséquence, sans violer la loi, renvoyer le prévenu des poursuites par la seule considération de sa bonne foi, résultant de ce que le laissez-passer est représenté à l'audience, et que son absence, au moment de la circulation des voitures, ne devait être attribuée qu'à un simple oubli. (*C. cass.*, 14 *juin* 1821.)

8. Le conducteur d'une voiture publique qui, après constatation d'une surcharge de sa voiture, *refuse de décharger l'excédant de poids*, se rend par là coupable d'une seconde contravention, réprimée par l'art. 475, n. 4. C. pén. (*C. Cass.*, 9 *nov.* 1844.)

CHAPITRE XVI.

Des Postes.

C'eût été ici le lieu de résumer la législation et la jurisprudence qui règlent les rapports des loueurs de voitures et des maîtres de poste.

Mais, une notice restreinte eut été insuffisante.—Et un ensemble complet, hors de proportion avec cette publication.

Or, la législation et la jurisprudence des postes intéressent trop directement les aubergistes et les cabaretiers, non-seulement comme loueurs, mais comme appelés à renseigner journellement les personnes qui fréquentent leurs établissements, pour qu'il ne leur soit pas nécessaire d'avoir des notions complètes sur cette branche importante des services publics.

Nous ne pouvons donc que renvoyer nos lecteurs à une publication spéciale qui vient de paraître sous le titre de *Petit Livre des Postes et des Télégraphes* (1), où se trouvent résumés, aussi complètement que possible, la loi du 8 juin 1859, sur le transport *des valeurs déclarées ;* et la discussion de cette loi au Corps législatif ; les *renseignements les plus usuels ;* et la *jurisprudence postale ,* notamment les arrêts en matière *d'immixtion* dans le transport des lettres , et ceux qui concer-

(1) Le Mans, ETIEMBRE et BEAUVAIS. — Paris, DELA-ROQUE Frères, libraires, quai Voltaire, 21. JOSSE, libraire, rue Cassette, 5. — Prix : 60 c.

ment les rapports des *maîtres de poste et des loueurs de voitures* ou autres qui doivent une indemnité aux maîtres de poste, à raison de certains parcours, etc. (1).

CHAPITRE XVII.
Des Droits réunis.

Les principes qui régissent les contributions indirectes sont fixés par la loi du 28 avril 1816, qui, sauf quelques modifications, constitue encore aujourd'hui dans son ensemble la législation sur la matière.

Les principales contraventions dont cette loi est habituellement l'objet, sont celles ci-après :

CIRCULATION.

1. Enlèvement sans expédition (*art.* 1 *et* 6).
2. Défaut d'identité (*art.* 10).
3. Fausse destination (*art.* 10 *et* 13).
4. Délai anticipé ou retardé (*art.* 13).
5. Séjour en route pendant plus de 24 heures, sans déclaration et sans avoir remis les expéditions au bureau de la Régie (*art.* 14).
6. Déchargement sans déclaration préalable ailleurs que chez le destinataire (*art.* 10, 13 *et* 14).

(1) Ce petit livre contient, en un mot, sur la matière, tous les renseignements que peuvent désirer non-seulement les loueurs habituels ou accidentels, les *Maîtres de Poste,* mais encore les *Négociants et Propriétaires.*

7. Refus de représenter les boissons en transit (*art.* 14).

8. Refus de représenter les expéditions (*art.* 17).

9. Refus de laisser faire la vérification des boissons (*art.* 17).

TAXE UNIQUE.

1. Introduction sans déclaration et paiement des droits (dans les villes où la perception est faite à l'entrée) (*art.* 24).

2. Déchargement ou introduction à domicile (dans les villes ouvertes) sans déclaration et paiement des droits (*art.* 25).

3. Fausse déclaration des objets soumis aux droits d'entrée (*art.* 24 *et* 25).

4. Introduction avant ou après les heures pendant lesquelles cette introduction est permise (*art.* 26).

5. Enlèvement chez un entrepositaire, sans acquit du droit (*art.* 37 *et* 38).

6. Opposition à la visite et à la vérification des chargements aux entrées des lieux sujets (*art.* 24 *et* 25).

7. Présentation, à la sortie, d'objets d'une nature différente de ceux entrés en passe-debout, en entrepôt, ou en transit, ou en quantité inférieure à celle déclarée (*art.* 24 *et* 25).

8. Fabrication de boissons sans déclaration, dans l'intérieur d'un lieu sujet, avec des matières non inventoriées ou pour les-

quelles les droits n'auraient pas été acquittés à l'entrée (*art.* 20 *et* 24).

9. Recel ou fausse déclaration par un propriétaire récoltant de boissons soumises à l'inventaire (*art.* 24 *et* 25).

10. Excédant de boissons chez un récoltant (*art.* 40).

11. Refus, par un propriétaire récoltant, de souffrir l'inventaire de ses boissons, **dans les communes où il est autorisé** (*art.* 40).

12. Refus, par un propriétaire récoltant, jouissant de l'entrepôt, de souffrir le recensement de ses boissons avant la récolte (***art.*** 41).

DÉBITANTS DE BOISSONS.

1. Vente en détail de boissons sans déclaration et sans licence (*art.* 50 *et* 144).

2. Vente en détail pendant les trois mois qui suivent la déclaration de cesser (art.67).

3. Vente en détail, par un débitant exercé ou abonné, d'une espèce de boisson dont il a déclaré ne pas vouloir opérer la vente (***art.*** 50).

4. Défaut d'enseigne ou de bouchon (***art.*** 50).

5. Refus de retirer les enseignes ou bouchons après déclaration de cesser (*art.* 67).

6. Fausse déclaration des boissons appartenant aux débitants, chez eux ou **ailleurs** (*art.* 50).

7. Refus de déclarer les prix de vente en détail des boissons, ou fausse déclaration du prix de ces ventes (*art.* 48).

8. Augmentation des prix de vente sans déclaration (*art.* 48).

9. Omission ou refus d'afficher les prix de vente (*art.* 48).

10. Refus de souffrir les visites ou exercices (*art.* 52).

11. Refus de laisser jauger, déguster et reconnaître les boissons (*art.* 53).

12. Refus, par les débitants, d'ouvrir aux employés leurs caves, celliers, et autres parties de leurs maisons (*art.* 56).

13. Refus de souffrir les visites et exercices pendant les trois mois qui suivent la déclaration de cesser (*art.* 67).

14. Refus de sceller les communications intérieures entre la maison d'un débitant et les maisons voisines (*art.* 61).

15. Refus, par le voisin d'un débitant, de souffrir les exercices, lorsqu'il y a été soumis par arrêté du préfet, et que cet arrêté lui a été notifié (*art.* 63).

16. Introduction des boissons dans le domicile, les caves ou celliers des débitants, sans expédition, ou avec des expéditions inapplicables (*art.* 53).

17. Défaut de représenter des expéditions pour les boissons introduites chez les débitants, même pendant les trois mois qui suivent la déclaration de cesser (*art.* 53).

18. Défaut de représenter, dans les lieux sujets, les quittances des droits d'entrée (*art.* 53).

19. Recélé de boissons, par les débitants, dans leur domicile ou ailleurs (*art.* 61).

20. Recélé ou dépôt, chez un particulier, de boissons appartenant à un débitant, sans bail authentique pour les lieux où sont placées les boissons (*art.* 61).

21. Introduction ou existence, sans autorisation, de boissons en vaisseaux d'une contenance inférieure à l'hectolitre (*art.* 58).

22. Mise en vente ou en perce de plus de trois pièces à la fois de chaque espèce de boissons (*art.* 58).

23. Mise en vente de boissons dans des vaisseaux d'une contenance supérieure à cinq hectolitres (*art.* 58).

24. Remplissage, hors la présence des employés, sur les tonneaux marqués ou démarqués (*art.* 59).

25. Substitution d'eau ou de tout autre liquide, aux boissons prises en charge (*art.* 59).

26. Enlèvement hors des caves, de pièces vides, avant qu'elles aient été démarquées par les employés (*art.* 59).

27. Enlèvement de pièces pleines, sans qu'elles aient été démarquées, lors même qu'elles auraient été vendues en gros (*art.* 57).

28. Existence de râpés prohibés, et rem-

plissage, hors la présence des employés, sur les râpés autorisés (*art.* 60).

29. Vente en détail des boissons, par un bouilleur ou distillateur, pendant la durée de la fabrication, et sans autorisation spéciale (*art.* 69).

30. Vente en détail des boissons par des personnes non comprises dans la répartition, lorsque les débitants sont abonnés par corporation (*art.* 80).

31. Commerce de boissons en gros, sans déclaration et sans licence (*art.* 97 *et* 144).

32. Continuation d'un commerce de boissons en gros, après déclaration de cesser (*art.* 97).

33. Vente habituelle de boissons en détail par un marchand en gros (*art.* 102).

34. Fausse déclaration, ou déclaration inexacte, des boissons existant au pouvoir d'un marchand en gros, chez lui ou ailleurs. au moment de l'établissement de son commerce (*art.* 97).

35. Introduction de boissons chez un marchand en gros sans expédition de la Régie ou avec des expéditions inapplicables, ou refus de représenter ces expéditions (*art.* 100).

36. Refus de souffrir les vérifications des employés (*art.* 101).

37. Vente en gros sans licence (*art.* 171).

LIQUORISTES.

1. Établissement, sans déclaration, **d'un** simple particulier comme liquoriste débitant (*art.* 50 *et* 144).

2. Fabrication par un débitant sans déclaration préalable (*art.* 1er).

3. Exercice par un simple particulier de la profession de liquoriste marchand en gros, sans déclaration (*art.* 97 *et* 144).

4. Fabrication de liqueurs par un marchand en gros, sans déclaration (*art.* 1er).

5. Dépôt de vins, cidres et poirés dans les ateliers de la fabrique d'un liquoriste marchand en gros (*art.* 5).

6. Envois de liqueurs sans expéditions (*art.* 5).

7. Refus de fournir l'eau et les ouvriers pour reconnaître la contenance des vaisseaux (*art.* 6).

8. Usage de vaisseaux dont la contenance n'a pas été vérifiée (*même art.*).

9. Altération de la densité des spiritueux par un mélange opéré dans le but de frauder les droits (*art.* 4).

BRASSERIES.

1. Exploitation d'une brasserie sans déclaration préalable et sans licence (*art.* 117 *et* 144).

2. Continuation après déclaration de cesser (*art.* 117).

3. Fabrication de bière dans un lieu autre que celui ou ceux déclarés (*art.* 117).

4. Usage dans une brasserie de chaudières, cuves et bacs, avant que leur contenance ait été reconnue et constatée par les employés (*art.* 117).

5. Changement dans la contenance desdits ustensiles sans déclaration faite 24 heures d'avance (*art.* 118).

6. Usage d'ustensiles dont la contenance a été changée, même lorsque la déclaration a été faite, avant que la nouvelle contenance ait été reconnue et constatée (*art.* 118).

7. Etablissement de nouveaux ustensiles, sans une déclaration faite 24 heures d'avance (*art.* 118).

8. Usage de ces nouveaux ustensiles, même lorsque la déclaration en a été faite, avant que leur contenance ait été reconnue et constaté (*art.* 118).

9. Usage de chaudières d'une contenance inférieure à six hectolitres (*art.* 116).

10. Usage de chaudières qui ne sont pas fixées à demeure et maçonnées (*art.* 116).

11. Usage de tonneaux non revêtus de la marque du brasseur (*art.* 124).

12. Suppression ou altération des numéros et marques apposés sur les ustensiles des brasseurs (*art.* 117).

13. Mise de feu sous les chaudières, sans

déclaration, et pour un objet autre que la fabrication de la bière (*art.* 119).

14. Mise de feu sans déclaration pour fabrication de bière (*art.* 120).

15. Mise de feu sous une chaudière avant l'heure indiquée par la déclaration (*art.* 120).

16. Mise de feu sous une chaudière autre que celle déclarée (*art.* 120).

17. Défaut de représenter, à toute réquisition des employés, l'ampliation de la déclaration de mise de feu, pendant la durée de la fabrication (*art.* 120).

18. Fabrication de bière d'une qualité différente de celle déclarée (*art.* 120).

19. Fabrication, avec la même drèche, d'un plus grand nombre de brassins que ceux déclarés (*art.* 120).

20. Fabrication de plusieurs espèces de bière avec le même brassin (*art.* 113).

21. Fabrication de petite bière exempte de droit, sans déclaration (*art.* 120).

22. Décharge partielle des chaudières pendant la fabrication (*art.* 113).

23. Entonnement de la bière pendant la nuit (*art.* 112).

24. Entonnement à une heure autre que celle indiquée par la déclaration (*art.* 120).

25. Excédant de réserves ou de plus du vingtième de la contenance de la chaudière dans le produit des trempes données pour un brassin (*art.* 109).

26. Produit de fabrication excédant la contenance brute de la chaudière (*art.* 111).

27. Recélé de bière par un brasseur (*art.* 125).

28. Refus de laisser vérifier aux employés le produit de la fabrication de chaque brassin (*art.* 111).

29. Refus de souffrir les visites et vérifications des employés, et de leur ouvrir à toute réquisition les maisons, brasseries, magasins, caves et celliers des brasseurs (*art.* 125).

30. Refus de faire sceller toute communication avec les maisons voisines (*art.* 125).

31. Défaut d'enseigne devant une brasserie en activité (*art.* 124).

32. Exploitation d'une brasserie ambulante sans autorisation de la Régie (*art.* 116).

33. Augmentation des moyens de fabrication par un brasseur abonné (*art.* 133).

34. Mise de feu par un brasseur abonné sans l'avoir inscrite sur son registre (*art.* 135).

35. Refus de fournir les moyens de vérifier la contenance des vaisseaux (*art.* 117).

36. Jetées des trempes à une heure autre que celle déclarée (*art.* 8).

DISTILLATEURS.

1. Exploitation d'une distillerie sans déclaration et sans licence (*art.* 138, 139, 141 *et* 144).

2. Usage des vaisseaux avant que leur contenance ait été reconnue et constatée par les employés (*art.* 117 et 140).

3. Changement dans la contenance **des** vaisseaux sans déclaration faite **24** heures d'avance (*art.* 118 *et* 140).

4. Usage des vaisseaux dont la contenance a été changée, même lorsque la déclaration a été faite avant que la nouvelle contenance ait été reconnue et constatée (**art.** 118 *et* 140).

5. Etablissement de nouveaux vaisseaux sans une déclaration faite **24** heures d'avance (*art.* 118 *et* 140).

6. Mise de feu sans déclaration ou avant l'heure indiquée dans la déclaration (*art.* **139** *et* **141**).

7. Prolongation du travail et du feu sous les chaudières au-delà du terme porté dans la déclaration (*art.* 139 *et* 141).

8. Chargement des cuves de macération à une heure autre que celle indiquée par la déclaration (*art.* 139 *et* 141).

9. Emploi d'une plus grande quantité de farine que celle indiquée par la déclaration (*art.* 139).

10. Recélé d'eau-de-vie (*art.* 138).

11. Défaut de représenter l'ampliation de la déclaration à toute réquisition des employés pendant la durée de la fabrication (*art.* 138).

12. Suppression ou altération des numéros

et marques apposés sur les vaisseaux (*art.* 117 *et* 140).

13. Refus d'exercice (*art.* 125 *et* 140).

14. Refus, par les distillateurs de substances farineuses, d'énoncer dans leur déclaration la quantité de matière macérée qu'ils emploieront pendant la durée de la fabrication, ainsi que la quantité d'alcool qui devra en provenir (*art.* 9).

BOUILLEURS DE PROFESSION.

15. Distillation de vins, cidres, poirés, marcs, lies, fruits ou mélasses sans déclaration faite 4 heures d'avance dans les villes et 12 heures dans les campagnes (*art.* 138 *et* 141).

16. Recélé d'eau-de-vie par un bouilleur de profession (*art.* 138).

17. Prolongation du travail au-delà du nombre de jours indiqué par la déclaration (*art.* 141).

18. Mise en distillation d'une plus grande quantité de matière que celle déclarée (*art.* 141).

19. Défaut de représenter l'ampliation de la déclaration, à toute réquisition des employés, pendant la durée de la fabrication (*art.* 138, 139 *et* 143).

20. Refus d'exercice (*art.* 140 *et* 125)

21. Refus, par les bouilleurs de vins, marcs, fruits, mélasses, d'indiquer, dans

leur déclaration, la force alcoolique du liquide mis en distillation (*art.* 10).

CHAPITRE XVIII.

Jurisprudence.

De ce qui constitue relativement à la Régie des Contributions indirectes *, la profession d'Aubergiste ou de Cabaretier.*

1. Un seul fait de vente de boisson en détail, sans déclaration préalable à la régie, suffit pour constituer une contravention : il n'est pas nécessaire qu'il y ait habitude de vendre. — (*C. cass.*, 27 *fév.* 1823.)

2. En général, il suffit qu'un individu exerce la profession de débitant pour qu'il soit soumis à l'exercice des préposés de la régie, à raison des boissons de quelque nature qu'elles soient, qui existent à son domicile. — (*C. cass.*, 26 *mai* 1820.)

3. Le seul fait d'exercice d'une des professions désignées en l'art. 50 de la loi du 28 avril 1816, (celles de cabaretier, aubergiste, traiteur, restaurateur, maître d'hôtel garni, cafetier, liquoriste, buvetier, débitant d'eau-de-vie, concierge, et autres donnant à manger. au jour, au mois ou à l'année), établit la présomption légale

de la vente de boissons en détail, indépendamment du fait de débit, et astreint
les particuliers qui exercent ces professions à l'obligation de faire la déclaration
et de prendre la licence exigée des débitants de boissons.—(*C. cass.*, 16 *mai* 1823.)

4. Jugé encore que le seul fait de *loger à
la nuit ou au mois*, constitue l'état d'aubergiste ou celui de maître d'hôtel garni.
— En conséquence, l'exercice de l'une
ou de l'autre de ces professions établit la
présomption légale de la vente de boissons
en détail, et oblige à faire la déclaration
et à prendre la licence exigée des débitants de boissons... Alors même que le
fait de la vente de boissons ne serait pas
matériellement établi. — (*C. cass.*, 14
août 1834.)

5. *Id...* Et qu'il serait prétendu que l'in-
culpé ne loge des étrangers qu'accidentellement et gratuitement. — (*C. cass.*, 9 *décembre* 1845.)

6. Jugé spécialement que ces mêmes obligations sont imposées aux traiteurs. — (*C.
cass.*, 9 *nov.* 1820.)

7. *Id...* A ceux qui donnent à manger au
jour, au mois, ou à l'année. —(*C. cass.*,
10 *mai* 1821.)

8. *Id...* Encore qu'ils ne donnent pas à boire. — (*C. rej.*, 4 *juin* 1829.)

9. Ainsi, est soumis à toutes les obligations imposées aux débitants, celui qui reçoit en pension des officiers. — (*C. cass.*, 10 *mai* 1821.)

10. ... Ou des élèves et professeurs d'un collège hors de l'enceinte de ce collège. — (*C. cass.*, 7 *fév.* 1822.)

11. De même, le concierge d'un cercle ou établissement public où il se fait une consommation habituelle de boissons, est soumis à toutes les obligations des débitants. — (*C. rej.*, 22 *janv.* 1841.)

12. Il en est de même des teneurs de billards publics. — (*C. cass.*, 18 *fév.* 1826.)

CHAPITRE XIX.

Des Règles spéciales relatives à la fabrication et à la vente des Bières

1. Un brasseur qui exerce en même temps la profession de distillateur, ne peut prétexter de cette circonstance pour ne pas déclarer à la régie les heures de mise de feu sous une chaudière d'alambic dépourvue de son chapiteau dont il fait usage. (*C. rej.*, 3 *déc.* 1819.)

2. Il n'est pas interdit aux brasseurs de

se servir de hausses mobiles pour l'ébullition des trempes préparatoires ou d'une bière faible, comme pour la fabrication d'une bière de qualité supérieure, pourvu que ces hausses ne soient placées sur leurs chaudières qu'au moment de l'ébullition. (*L. du 28 avril 1816, art. 122.*)

3. Les déclarations doivent être consignées dans un registre public ou prouvées par une ampliation délivrée par un préposé de la régie : cette preuve ne peut être remplacée par des dépositions de témoins. (*C. cass., 7 nov. 1807*).

4. L'obligation imposée à tous les débitants de boissons de faire une déclaration préalable à la régie, et de se pourvoir d'une licence, s'applique aux débitants de bière. (*Loi 28 avril 1816, art. 52 et 71. C.cass., 13 août 1819*).

5. Toute déclaration de mise de feu de la part d'un brasseur doit exprimer le jour et l'heure de cette mise de feu, afin que les employés soient en état de se transporter à la brasserie et de reconnaître et vérifier les matières préparées. Mais sous la loi du 5 vent. an XII, aucune disposition pénale n'était attachée à la mise de feu par anticipation.(*C.rej.,23 janv.*1813.)

6. Les brasseurs sont tenus de repré-

senter aux employés de la régie, sur leur réquisition et sous peine d'amende, toutes les bières qu'ils ont en leur possession, celles en cours de fabrication aussi bien que celles fabriqués. (*L. 28 avril 1816, art. 111 et 125. C. Cass., 16 juill. 1839.*)

CHAPITRE XX.

Des Abonnements.

1. L'abonnement autorisé par la loi du 28 avril 1816, pour les vins, cidres et poirés, ne comprend pas les esprits et eaux-de-vie. (*Cons. d'État, 26 fév. 1817.*)

2. En supposant que, sous la loi du 28 avril 1816, cette faculté d'abonnement existât pour les débitants d'eaux-de-vie et de liqueurs, ils en ont été privés par la loi du 24 juin 1824, et ils ne peuvent s'affranchir aujourd'hui des exercices de la régie qu'en payant le droit général de consommation au moment même de l'arrivée des boissons la faculté de l'abonnement n'existe plus que pour les marchands de vins, cidres, etc. A cet égard, les lois des 17 oct. et 12 déc. 1830 n'ont apporté aucune modification à la loi du 24 juin 1824. (*C. cass., 4 fév. 1832.*)

3. L'abonnement consenti par les communes vignobles, devant avoir pour base unique les quantités sur lesquelles les récoltants ont payé les droits d'entrée, dans une année de récolte complète, avec réduction s'il y a lieu, dans la préparation des produits apparents de l'année, il n'y a pas lieu d'avoir égard à la circonstance qu'on publie des vins recoltés, au lieu d'être consommés dans le pays, sont transformés en eau-de-vie, et exportées de la localité. (*Cons. d'Etat*, 18 *fév.* 1839.)

4. Pour la validité de l'abonnement que la loi du 28 avril 1816 autorise, il n'est pas nécessaire qu'il y aite onsentement par écrit de chaque brasseur, une adhésion implicite suffit. (*Reg.*, 24 *janvier* 1826.)

CHAPITRE XXI.
Du Refus d'exercice.

Le refus d'exercice ne résulte pas seulement de l'opposition matérielle à l'exercice ; — par exemple :

1. Des injures adressées aux commis pendant leurs exercices constituent une opposition à l'exercice. — Ainsi, est passible des peines applicables au refus d'exercice, le débitant qui traite les commis de

coquins et de voleurs, et les met, par ces paroles outrageantes, dans la nécessité de discontinuer leurs opérations. — (*C. cass.*, 10 *oct.* 1822.)

2. L'opposition à l'exercice peut résulter de menaces et de simples injures aussi bien que de coups et de voies de fait. — (*C. cass.*, 7 *mai* 1813.)

3. Jugé encore que l'opposition d'un débitant, fût-elle purement verbale, constitue un refus d'exercice. — (*C. cass.*, 16 *nov.* 1810.)

4. Le droit qu'ont les employés des contributions indirectes de visiter toutes les parties du domicile des débitants, s'étend nécessairement aux meubles qui s'y trouvent et qui sont susceptibles de recéler des boissons. — Ainsi, le refus d'un débitant d'ouvrir une armoire, sans l'assistance d'un contrôleur ou d'un commissaire de police, constitue un refus d'exercice : cette assistance n'est exigée qu'à l'égard des particuliers non débitants. (*C. cass.*, 27 *déc.* 1817.)

5. *Id...* Alors même que le débitant prétendrait que ces meubles ne lui appartiennent pas et qu'il n'en a pas la clef. — (*C. cass.*, 5 *déc.* 1819.)

6. Le refus de laisser déguster, par les

préposés, des liquides sujets à l'inventaire, constitue une contravention. — (*C. cass.*, 31 *juil.* 1807.)

7. Il en est de même du refus fait par le débitant de laisser confronter le vin de sa cave avec celui servi à des buveurs, surtout s'il injurie les employés et excite les buveurs à en faire autant. — (*C. rej.*, 7 *juin* 1821.)

8. Il ne peut non plus s'opposer à ce que les employés prennent, d'après le procédé indiqué par la régie, inventaire des huiles nouvellement fabriquées. — (*C. cass.*, 15 *janv.* 1820.)

CHAPITRE XXII.

Du Recel.

1. Il y a recel, aux termes du décret du 5 mai 1806, lorsqu'on trouve chez un cabaretier, dans un endroit non destiné à recevoir les boissons du commerce, un pot rempli de vin non déclaré. (*Cass.*, 16 *nov.* 1810.)

2. Le cabaretier qui n'ayant plus de vin en charge au portatif, est trouvé chez lui buvant avec un tiers une bouteille de vin dont il ne réprésente aucun acquit et qu'il prétend avoir été apportée par ce

tiers, ne peut être renvoyé des poursuites sous prétexte qu'il n'est pas justifié par le procès-verbal qu'il eût un entrepôt chez lui ou que sa réponse fût mensongère. (*Cass.*, 3 *juin* 1813.)

3. Quelque petite que soit la quantité d'eau-de-vie trouvée dans le domicile d'un débitant, elle suffit pour constater une contravention, s'il n'en a pas été fait déclaration, et si le congé n'en est pas représenté. (*Cass.*, 9 *juillet* 1811, 3 *déc.* 1818.)

4. En conséquence, est passible des peines de la loi, le cabaretier dans la chambre de débit duquel les commis ont trouvé, sans que déclaration en ait été faite, trois verres contenant assez d'eau-de-vie pour qu'ils aient pu en faire la dégustation. (*Cass.*, 8 *fév.* 1812.)

5. Le débitant étant tenu de représenter les congés à la première demande des employés, le retard dans l'exhibition de cette pièce ne peut être excusé sur le motif que la femme trouvée seule au logis ignorait les obligations que la loi lui imposait, et que l'absence de son mari qui avait enfermé le congé s'opposait à ce qu'elle le produisit. (*Cass.*, 8 *juin* 1817.)

6. Le cabaretier qui a reçu les vins chez

lui sans déclaration, en est présumé l'acquéreur; en conséquence, il est responsable du défaut de déclaration. (*Cass.*, 30 *janv.* 1809).

7. Jugé encore que lorsqu'un procès-verbal régulier constate que les employés des contributions indirectes ont trouvé dans la cave d'un débitant une tonne contenant de l'hydromel bon et marchand, dont il n'avait pas été fait déclaration, le tribunal ne peut acquitter le prévenu sous prétexte que les circonstances établissaient qu'il n'y avait pas eu tentative de fraude. (*Cass.*, 10 *nov.* 1820.)

CHAPITRE XXIII.

De la responsabilité de la Régie.

1. L'administration des contributions indirectes est civilement responsable des dommages causés, non-seulement par ses propres agents ou préposés dans l'exercice de leurs fonctions, mais encore par les préposés d'une autre administration, telle que celle de l'octroi, lorsqu'elle les emploie dans son intérêt. (*Cass.*, 30 *janvier* 1833.)

2. Mais les préposés, ni l'administra-

tion elle-même, ne sont aucunement responsables des dommages qui peuvent
être la suite des mesures nécessitées par
l'exercice légal du ministère des préposés.
(*Douai, 24 janvier* 1832.)

3. Les tribunaux ne sont autorisés, en
déclarant une saisie mal fondée, à con-
damner la régie à une indemnité, que
dans le cas où le saisi a été privé de la
disposition des choses qui en font l'objet;
aucune indemnité ne peut être accordée,
si ces choses ont été laissées à sa disposition et qu'on lui ait même laissé la faculté de représenter ces choses ou leur
valeur. (*Cass.*, 20 *nov.* 1812.)

4. De même, la régie des contributions
indirectes ne peut être tenue à aucune
indemnité envers un prévenu à raison
d'une saisie déclarée mal fondée, lorsqu'elle lui a fait ou offert la remise des
objets saisis. Peu importe que le prévenu
ait ou non accepté les offres à lui faites.
(*Cass.*, 27 *fev.* 1813.)

5. Dans tous les cas, l'indemnité ne
pourrait pas excéder le taux de 1 p. 100
par mois de la valeur de l'objet saisi.
(*Cass.*, 20 *nov.* 1812.)

CHAPITRE XXIV.

De la foi due aux procès-verbaux.

1. Les procès-verbaux des employés des contributions indirectes font foi jusqu'à inscription de faux (D. 1er germ. an XIII, art. 26). (*C. cass.*, 7 *juin* 1821)

2. *Id....* Non-seulement des faits matériels de contravention qu'ils constatent, mais encore des dires, propos et aveux ayant pour effet de constituer les prévenus en contravention. (*C. cass.*, 12 *août* 1808.)

3. Ainsi, ils font foi de la déclaration faite par le prévenu que le tabac trouvé chez lui provenait de fabrique étrangère. (*C. cass.*. 1er *octobre* 1835.)

4. ... Ou de l'aveu fait par les prévenus que les énonciations d'un congé sont fausses. (*C. cass.*, 27 *oct*. 1820.)

5. ... Ou de celui fait par un ancien cabaretier (chez qui on a trouvé des buveurs depuis sa déclaration de cesser le commerce), qu'en réalité il continuait à vendre du vin. (*C. cass.*, 20 *sept*. 1811.)

6. Le procès-verbal fait également foi du refus que le débitant aurait fait d'ouvrir ses armoires. (*C. rej.*, 22 *juin* 1810.)

7. La transaction souscrite par une femme en l'absence de son mari, *sur le procès-verbal* même de contravention, quoiqu'elle n'ait aucune force contre son mari, doit être considérée comme un aveu formel et comme une preuve de la contravention. (*C. cass.*, 31 *juillet* 1807.)

8. Il y a de la part des tribunaux violation de la foi due aux procès-verbaux, lorsqu'ils admettent des déclarations contraires aux faits constatés, faites à l'audience par les proposés. (*Cass.*, 17 *août* 1844.)

9 Lorsque le prévenu qui avait formé inscription de faux a été déclaré déchu de cette inscription, le procès-verbal reprend toute sa force, et doit faire foi de la justice de tous les faits qu'il contient. En conséquence, le tribunal ne peut surseoir par le motif que le prévenu aurait fourni une plainte en faux principal. (*Cass.*, 19 *févr.* 1825.)

CHAPITRE XXV.

**De la poursuite des contraventions.
Compétence.**

1. Le recouvrement des droits dus à l'administration des contributions indirectes, ou des obligations souscrites en paiement, est poursuivi contre les redevables par la voie de contrainte, comme en matière de contributions directes. (*Loi, du 28 avril 1816, art. 239.*)

2. Les contraintes sont exécutoires nonobstant opposition. (*Cass.*, 16 *août* 1807.)

3. Par suite, nul sursis ne peut être ordonné à leur exécution. (*Cass.*, 3 *juin* 1833.)

4. En général les contestations relatives à la perception des contributions indirectes sont du ressort des tribunaux. (*Conseil d'État*, 20 *janvier* 1809.)

5. Ainsi, c'est au tribunal civil qu'il appartient de décider si le cabriolet qu'un loueur de voitures emploie exclusivement à son usage personnel, de l'aveu même de la régie, est ou non soumis au paiement des droits établis sur les voitures exploitées par les entrepreneurs. (*Cass.*, 17 *ventôse, an* XIII.)

6. Ou si celui qui brasse pour la consommation de sa maison, est ou non exempt du paiement des droits. (*Cass.*, 27 *floréal*, *an* XIII.)

7. Ou encore si une pièce de boisson dont le congé n'a pas été représenté, était exempte des droits comme n'étant composée que d'eau passée sur des marcs de raisin. (*Cass.*, 31 *juillet* 1812.)

8. Ou enfin si le prévenu a acheté les vins saisis, ou seulement la récolte qui les a produits. (*Cass.*, 23 *juillet* 1807.)

FIN.

TABLE DES MATIÈRES.

FIN DE LA TABLE DES MATIÈRES.

Le Mans. — Imp. ÉTIEMBRE et BEAUVAIS. — 1859.

Le Mans, Imp. ÉTIEMBRE & BEAUVAIS, place des Halles, 19.